Felicia Langer

Wo Haß keine Grenzen kennt

Foto: Herlinde Koelbl

Seit 1990 lebt Felicia Langer, die israelische Anwältin, die mit dem Alternativen Nobelpreis ausgezeichnet worden ist, in Deutschland. Mit Skepsis verfolgt sie die Entwicklung im Nahen Osten, befürchtet, daß der ersehnte Frieden noch in weiter Ferne ist. Obwohl sie ihre Kanzlei in Jerusalem geschlossen hat, streitet sie weiter für die Menschenrechte, will eine Brücke zwischen Israelis und Palästinensern bauen.

Im Lamuv Verlag sind folgende Bücher von Felicia Langer erschienen:

Zorn und Hoffnung – Autobiographie

Die Zeit der Steine – Eine israelische Jüdin über den palästinensischen Widerstand

Brücke der Träume – Eine Israelin geht nach Deutschland

Felicia Langer

Wo Haß keine Grenzen kennt

Eine Anklageschrift

Aus dem Hebräischen von
Barbara Linner
und aus dem Englischen
von Inge Presser

Lamuv

Bitte fordern Sie unser kostenloses Gesamtverzeichnis an:
Lamuv Verlag, Postfach 26 05, D-37016 Göttingen

1. Auflage 1995
Originalausgabe

Redaktion: Inge Presser
Umschlaggestaltung: Gerhard Steidl
unter Verwendung eines AP-Fotos von David Brauchli
Gesamtherstellung: Steidl, Göttingen
Printed in Germany
ISBN 3-88977-397-4

Inhalt

Den Opfern des Massakers
und ihren Angehörigen

Mohammad Kifah Maraqah, 10, und Samir Katheb, 32, zwei der 29 Opfer des Massakers

Das Massaker

Vor mir liegt eine schwarzumrandete Namensliste von 29 Personen. Es sind die Opfer des Massakers in der Haram-al-Ibrahimi-Moschee beziehungsweise der Machpela-Höhle in Hebron im Westjordanland. Ihnen widme ich dieses Buch. Sie wurden am Freitag, dem 25. Februar 1994, am 15. Tag des Ramadan im Jahr der Hedschra 1414, am frühen Morgen massakriert, als sie betend in Richtung Mekka niedergekniet waren. Ihre Namen und einige Angaben zu ihrer Person sind im Anhang dieses Buches zu finden.

Der Ort, an dem das Verbrechen verübt wurde, gilt jüdischen, christlichen und muslimischen Überlieferungen zufolge als Grabstätte von Abraham und Sarah, Isaak und Rivka, Jakob und Lea und ist daher allen drei Religionen heilig. Die historische und architektonische Bedeutung dieses Orts wird im Anhang beschrieben.

Dieses erste Kapitel (teilweise auch andere) fußt im wesentlichen auf Zeugenaussagen, die Mitarbeiter des Palästinensischen Menschenrechts-Informationszentrums (im folgenden als PHRIC zitiert) vor Ort sammelten.*

Da die Betroffenen selten die Gelegenheit bekommen, direkt zu sagen, was sie erlebten, will ich den Berichten der

---

* Siehe: Palestinian Human Rights Information Centre, The Massacre in Al Haram Al Ibrahimi Al Sharif – Context and Aftermath, Sonderdruck, Mai 1994. – Die Leiterin dieses Zentrums, Frau Dr. Jan Abu Shakra, traf ich im Oktober 1994, um Näheres über die Augenzeugenberichte zu erfahren. Sie sagte mir, daß ihre Mitarbeiter nach dem Massaker unter den schwierigsten Bedingungen recherchierten, dennoch hätten sie eine sehr gewissenhafte Arbeit geleistet, hinter der sie uneingeschränkt stehe.

Zeugen des Massakers einen größeren Raum geben. Die gestellen Fragen sind an den Antworten ablesbar: Wann bist du zur Moschee gegangen? Was hast du dort gesehen? Wann wurde geschossen? Was hast du dabei beobachtet? Wie und wann hast du die Moschee verlassen?

Die Zeugen geben sehr sachliche Antworten. Selbst erschütternde Beobachtungen werden in einer einfachen, fast emotionslosen Sprache wiedergegeben. Dem Leser mögen manche Aussagen wie Wiederholungen erscheinen, und doch hat jeder einzelne Zeuge andere Aspekte wahrgenommen. Sie ergänzen sich gegenseitig zu einem klaren Bild.

Wegen ihrer zeitlichen und örtlichen Nähe zu dem Verbrechen ist das Beweismaterial besonders wertvoll.

Ich möchte mit den Erkenntnissen über die Purim-Nacht*, der Nacht vor dem Massaker, beginnen.

Die Zeitung *Haaretz* vom 27. Februar 1994 zitierte Abraham Struck, den Vorstand des Jüdischen Komitees in der Siedlung Beit Hadassa (Dabboya-Gebäude). Ihm zufolge war Baruch Goldstein schon am Tage vor dem Massaker, in der Purim-Nacht, in der Ibrahimi-Moschee: »Baruch Goldstein war unter den jüdischen Gläubigen und griff die muslimischen Gläubigen an. Nach dem Vorfall war Goldstein furchtbar wütend.«

Im PHRIC-Bericht beschreiben mehrere Personen die Situation am Tage vor dem Massaker. Ich will nur eine Aussage, stellvertretend für viele ähnliche, zitieren. Mohammad Rafiq Abdul Rahman Haddad, 48, ein Wächter des

---

* Purim: Im Buch Esther beschriebenes Fest zur Errettung der persischen Juden. Heute ein Volksfest.

des Waqf* an der Imbrahimi-Moschee, berichtete PHRIC, daß es schon des öfteren im Innern der Moschee Angriffe von Siedlern auf muslimische Gläubige gegeben habe, und beschrieb, was sich am Abend vor dem Massaker ereignete:

> Als ich an diesem Tag gegen sechs Uhr am Abend zu meinem Wachdienst in die Moschee ging, sah ich, daß viele Soldaten um die Moschee und am Suleimaniyeh-Eingang postiert waren. Es dürften an die 50 gewesen sein. Ich beobachtete, wie die Soldaten die Gläubigen, die zum *Isha'*-(Abend)Gebet gekommen waren, daran hinderten, die Moschee zu betreten. In der Moschee, im Izhaqiyeh-Bereich, traf ich auf sieben bewaffnete Siedler. Sie tanzten, sangen und schlugen ein Tamburin. Eine Frau und vier Kinder begleiteten sie. Sie liefen in der Moschee herum, angeblich, weil sie Purim feierten. Meine Kollegen und ich gingen hinein, um wie sonst auch die Moschee zu bewachen ...
>
> Die Soldaten schlossen das Suleimaniyeh-Tor, das ins Innere der Moschee führt, aber auch das Izhaqiyeh-Tor, das Haupttor der Moschee. Ich beobachtete, wie sich sehr viele muslimische Gläubige in der Jawliyah und vor den östlichen und westlichen Toren einfanden. Sie forderten Einlaß zum Gebet. Die Gläubigen redeten aufgebracht mit den Soldaten, doch die Soldaten schlugen mit Fäusten auf sie ein, in Gegenwart des stellvertretenden Militärgouverneurs von Hebron (»Baruch«), des Offiziers der Grenzwache, des israelischen Offiziers, der für die Moschee verantwortlich ist (»Dov«), und des Polizeioffiziers von Hebron (Offizier der Zivilverwaltung, »Wael«).
>
> Ich sah, wie zwei Soldaten, die in der Moschee waren, ihre Waffen auf die Gläubigen im Jawliyah-Bereich richte-

* Waqf: islamischer Verwaltungs- und Stiftungsrat

ten. Ein Offizier hielt die Soldaten vom Schießen ab und führte sie aus der Moschee. Unterdessen waren demonstrierende Siedler hinter den Soldaten am Suleimaniyeh-Tor aufgetaucht, die die Muslime verfluchten. Sie wollten mich und meine Kollegen in der Moschee angreifen. Da erschien ein Offizier und befahl uns, in die Wachstube in der Moschee zu gehen und das Licht zu löschen, angeblich, um uns dadurch vor den Siedlern zu schützen.

Mein Kollege Mohammad Abu Saleh rief Salah Natscheh, den Waqf-Vorstand an, der 15 Minuten später kam und mit uns und dem Offizier sprach, um die Situation zu entschärfen. Die Lage blieb aber in und vor der Moschee bis acht Uhr abends gespannt. Schließlich erlaubte man den muslimischen Gläubigen zu beten – eineinhalb Stunden nach der dafür vorgesehenen Zeit.

Als das Gebet zu Ende war und die Gläubigen die Moschee verlassen wollten, versuchten die Soldaten, einige der Jugendlichen zu verhaften. Um 20.45 Uhr konnten schließlich alle Gläubigen hinausgehen, obwohl die Soldaten die Moschee belagerten. Beim Haupteingang schlugen Soldaten die Gläubigen, die die Moschee verließen, mit Knüppeln und Gewehrkolben, und verletzten ziemlich viele von ihnen. Ein Mitglied der Familie Natscheh erlitt eine schwere Verletzung am Kopf. Die Soldaten hinderten uns daran, ihm zu Hilfe zu eilen, und nahmen ihn mit zu einem Militärlager in der Nähe der Moschee. Ich sah auch, wie Soldaten fünf Jugendliche schlugen und sie dann verhafteten.

Mehrere Zeugen sagten aus, daß etwa 400 Grenzschützer aus einer nahegelegenen Militärbasis angefordert wurden, daß die Siedler »eine Menge Lärm machten«, die wartenden Muslime vor der Moschee verspotteten und Feuerwerkskörper auf sie abschossen.

Der 25. Februar, der Tag des Massakers

Mohammad Abdul Rahman Abu Taha, 75, ein Angestellter des Waqf, war der erste, der am frühen Morgen die Moschee betrat. Er stellte fest, daß keine Vorbereitungen für die große Schar von Gläubigen, die immer für die Feiertage während des Ramadan erwartet wurden, getroffen worden waren. Die Patrouille israelischer Soldaten sei auch nicht vollzählig gewesen.

> Wir hatten mit den verantwortlichen Militärs eine Abmachung getroffen, während des Ramadan extra Teppiche auszulegen, weil wir vor allem an den Feiertagen mehr Leute erwarteten. An den beiden vorangehenden Freitagsgottesdiensten waren die Teppiche ausgelegt worden. Als ich aber an diesem Freitag um vier Uhr morgens ankam, sah ich nur eine Wache am Haupteingang, und die Tür war abgeschlossen. Ich war der erste, der hineinging; drinnen waren auch keine arabischen Wächter. Es sind sonst 14 bis 15 im Einsatz (nach Aussage der Waqf-Wächter sind es meistens acht); Teppiche waren auch nicht ausgelegt. Andere Gläubige kamen und begannen mit (vorbereitenden) Arbeiten . . . An jedem der drei Eingänge standen sonst vier Soldaten. Doch um diese Zeit waren es nur zwei.

Isma'il Mohammad Abdul Rahim Hashlamoun, 42, der Chef der Waqf-Wächter der Ibrahimi-Moschee, an der er zwölf Jahre Dienst tat, beschreibt die Unterschiede zwischen den sonst üblichen Sicherheitsvorkehrungen und jenen am Freitag morgen, dem 25. Februar, wie folgt:

> Am Tag des Massakers waren wegen der Feiertagsferien statt der sonst üblichen acht nur fünf (arabische) Wächter

anwesend. Während der Nacht bleiben die drei Tore des Haram geschlossen, nur das Haupttor, das Tor des Jusuf, wird von zwei Soldaten bewacht und bleibt 24 Stunden am Tag geöffnet. Wenn Siedler zum Gebet kommen, dann begleiten die Soldaten sie ins Innere der Moschee.

Frühmorgens, gegen 3.30 Uhr, kamen zehn bis zwölf Siedler und gingen in den Ibrahimiyeh-Hof, um zu beten. Gemeinsam mit meinen Kollegen aß ich das Mahl vor dem Fastenbeginn und führte die rituelle Waschung durch. Gegen 4.50 Uhr kam auch der *Muezzin* Jamil Natscheh, um zu den Gebeten zu rufen. Vor Anbruch der Dämmerung öffnete Azzon, ein Armeesoldat, wie üblich die östliche Tür, und an dieser Tür standen drei Soldaten Wache. Arabische Gläubige kamen durch diese Tür und durch die Haupttür herein. Wir baten die Frauen in Begleitung von zwei Wächtern zum Beten in die Jawliyah(-Moschee) zu gehen; zwei andere Wächter sollten bei den Männern bleiben. Ich stand in dem kleinen Hof zwischen den Männern und Frauen. Gemeinsam mit Adel Idris, dem *Imam*, begannen wir zu beten. Seit Beginn des Ramadan hatten israelische Soldaten sonst immer die Suleimani-Tür bewacht, um Juden und Muslime zu trennen, aber an diesem Morgen kamen sie nicht.

Mohammad Rafiq Abdul Rahman Haddad, 48, ein Waqf-Wächter, der sich seit dem frühen Morgen in der Ibrahimi-Moschee aufhielt, beobachtete das Geschehen vor dem Massaker aus nächster Nähe:

Am Freitag, dem 25. Februar, begann der *Muezzin*, Scheich Jamil Natscheh, frühmorgens um 4.30 Uhr mit dem Lesen des Korans, und immer mehr Gläubige strömten herbei, aber auch Siedler. Ich sah, daß sich zehn bis zwölf bewaffnete Siedler im Ibrahimiyeh-Bereich (al-Hadra al-Ibrahimiyeh), im Innern der Moschee, aufhielten und daß der Ibrahimiyeh-Einlaß hinter ihnen geschlossen wurde. Ich konnte aber keine (israelischen) Wachsoldaten entdecken, die sonst immer zur Moschee kommen. (Es waren gewöhnlich drei oder vier zusätzliche Grenzschützer und Polizisten da.) Am Haupttor standen lediglich zwei Soldaten und ein Offizier, der manchmal nur zur Kontrolle vorbeischaut.

Der Waqf-Wächter Mohammad Suleiman Abu Saleh traf den jüdischen Siedler Baruch Goldstein an der Tür der Moschee und wollte ihn davon abhalten, hineinzugehen. Doch Goldstein stieß Abu Saleh mit dem Gewehrkolben zu Boden und eröffnete drinnen das Feuer:

Um 5.30 Uhr war ich in der Moschee, um die frühen Morgengebete zu verrichten. Am Izhaqiyeh-Eingang traf ich auf einen Siedler in Militäruniform mit drei Schulterstreifen. Er wollte den Gebetsbereich betreten. Ich trat ihm in den Weg. Er behauptete, der diensthabende Offizier in dieser Nacht zu sein. Ich verwehrte ihm erneut den Zutritt, da es verboten ist, Militärs während der Gebete hereinzulassen. Da stieß er mir den Gewehrkolben vor die Brust und erzwang sich, als ich zu Boden fiel, den Zutritt. Dann entsicherte er seine Waffe (vermutlich eine Galil, da sie kleiner als eine M-16 aussah) und begann blindlings draufloszuschießen ...

Er lud sein Gewehr nach und eröffnete erneut wahllos das Feuer auf die Gläubigen. Normalerweise bewachen während der Gebete viele Soldaten die Moschee, doch an diesem Tage waren es nur vier, außerdem noch ein Offizier.

Sofort nach dem ersten Schuß machte ich mich auf die Suche nach diesem Offizier, doch er war nicht da. Dann lief ich weiter. Soldaten hatten den Bereich zwischen den Gläubigen und den Siedlern getrennt, indem sie die Tür blokkierten, die zum Telefon der (Verwaltung) führt. Das hat (die Ankunft) der Ambulanzen um weitere 50 Minuten verzögert . . .

Der Waqf-Wächter Isma'il Hashlamoun, der Goldstein sofort erkannte, sah, wie er das Feuer eröffnete und die Magazine wechselte. Währenddessen hörte er auch Gewehrschüsse, die aus anderen Quellen stammten. Er versuchte, Hilfe herbeizuholen:

> Als der *Imam* zur Verbeugung ansetzte, hörte ich eine sehr starke Explosion. Ich schaute mich um. Alle Gläubigen lagen auf dem Boden, tot, verwundet oder in Deckung vor dem Gewehrfeuer. Ich blickte nach hinten und sah Baruch Goldstein, den ich recht gut kenne, weil er immer zwei-, dreimal die Woche zum Beten kommt. Er trug eine Militäruniform und hatte viele Magazine Munition bei sich. Ich beeilte mich, über die Getöteten und andere Gläubigen zu steigen, um die Ambulanz zu rufen, und wollte zu diesem Zweck das Telefon benutzen, das im Zimmer des *Imam* des Haram steht; doch ich mußte feststellen, daß der Raum abgeschlossen war. . .
>
> Während Baruch seine Magazine wechselte, konnte ich Gewehrfeuer aus anderen Richtungen im Innern der Moschee hören. Als ich vom Zimmer des *Imam* zurückkam, sah ich zwei Soldaten am Eingang zur Hauptgebetshalle stehen. Das Schießen hielt weitere fünf Minuten an.

Auch der Waqf-Wächter Mohammad Haddad hörte Gewehrfeuer vor dem Haupteingang und am Hadra-Tor, wo Siedler und Soldaten standen:

Als wir zum ersten Mal niederknieten – es war fünf Minuten nach Gebetsbeginn –, hörte ich das Getöse von zwei Explosionen im Innern der Moschee, gefolgt von schwerem Gewehrfeuer. Es schien mir aus allen Richtungen zu kommen. Wir ließen uns auf den Boden fallen. Etwa eine Minute nachdem das Schießen begonnen hatte, hob ich den Kopf, um zu erfahren, was passierte. Ich sah, daß viele Gläubige auf dem Rücken oder der Seite lagen und daß sie an verschiedenen Körperteilen blutüberströmt waren.

Das Schießen dauerte fünf bis sieben Minuten. Währenddessen versuchte ich, gemeinsam mit einigen anderen Gläubigen, die Moschee durch das Izhaqiyeh-Haupttor zu verlassen. Doch ich wurde von schwerem Gewehrfeuer überrascht, das von draußen vor dem Tor auf uns und die Gläubigen in der Moschee gerichtet wurde.

Wie betäubt und voller Entsetzen ging ich mit vielen anderen in die Moschee zurück. Zu Dutzenden fielen wir zu Boden. Noch im Fallen sah ich, wie eine bewaffnete, große Person, in Armeeuniform, mitten in der Moschee zwischen den Schreinen von Izhaq und Rivka stand und wie der Mann mit einer automatischen Waffe nonstop auf die Gläubigen in der Moschee schoß. Gleichzeitig hörte ich das Peitschen von Schüssen. Sie kamen aus dem Bereich des Hadra-Tores (wo die Siedler standen) und waren auf die arabischen Gläubigen gerichtet. Jeder Gläubige, der versucht hatte, aufzustehen, ließ sich erneut zu Boden fallen.

Mohammad Jabara Suleiman Yusef Burqan, 33, sagte aus, daß Goldstein aus nächster Nähe systematisch von der letzten Reihe nach vorn geschossen hätte: »Zuerst auf die Reihe vor ihm bis hin zu der entferntesten. Ich hatte Glück, daß ich gerade hinter einem Schrein stand, der mich vor den Kugeln schützte.«

Attaya Hasan Mohammad Jibrini, 23, entkam. Er bat einen Soldaten, Goldstein zu stoppen. Die Antwort waren Schläge.

Der bewaffnete Mann stand vor dem Ibrahim-Tor in der Nähe der Höhle. Ich warf einen Blick auf die Gläubigen, die laut schrien und »Allahu Akbar« riefen, ehe sie tot oder verletzt umfielen. Ich kroch an den vor Schock starren Gläubigen vorbei in Richtung Haupttor. Als ich es erreichte, wurde noch immer geschossen. Dort stand der gleiche Soldat, den ich bei meiner Ankunft gesehen hatte – ein kleiner Mann mit Brille – nahe beim Tor und blickte auf die schießende Person. Ich faßte ihn an der Schulter und sagte: »Er schießt ja andauernd. Erschieß ihn doch!« Von dort, wo er stand, hätte er ihn treffen können, statt dessen schlug er mich mit dem Gewehrkolben und ging dann zum Jawliyah-Bereich, in die Nähe der anderen Soldaten.

In dem vergeblichen Versuch, Goldstein am Weiterschießen zu hindern, warfen Gläubige Schuhe nach ihm. Er schoß auf mindestens zwei Männer, die ihn entwaffnen wollten. Dann sprangen einige Gläubige auf ihn zu, rissen ihn zu Boden und schlugen ihn mit einem Feuerlöscher nieder, was ihn offenbar tötete.

Awadallah Ayub Murshid Awadalla Abu Sneineh, 27, ein Fahrer, konnte Goldstein entwaffnen, als andere Gläubige mit ihm kämpfen:

Ich stand in der ersten Reihe an der Mauer im Frauenhof. Wir hörten das Getöse einer schweren Explosion, wie mir schien, war das außerhalb des Haram. Dann noch eine Explosion ... Ich stand auf, ging auf den Schrein zu und sah, daß sich die meisten Gläubigen neben oder hinter den

Schrein des Izhaq duckten. Ich hatte vor, den Siedler zu packen und ihn am Weiterschießen zu hindern, doch er stand zu weit von mir entfernt, etwa zehn Meter weit.

Ich ging einige Meter weiter, da drehte er sich um, und begann, auf die Gläubigen zu schießen, die durch das Haupttor zu entkommen suchten. Er bewegte sich nach rechts und schoß mehrere Kugeln auf mich ab, doch ich nahm Deckung hinter einer der Säulen.

An dieser Säule hing ein Feuerlöscher. Ich nahm ihn ab und warf ihn in seine Richtung, in der Hoffnung, ihn damit abzulenken und ihn dann zu ergreifen. In diesem Moment begann er, sein Magazin auszuwechseln. Ich sah, daß er drei volle Magazine in der Hand hielt. Bis ich mich auf ihn warf, ihn ergriff und fest umklammerte, hatte er, wie ich meine, schon drei oder vier Magazine leergeschossen. Als ich auf ihn zusprang, stand er etwa fünf Meter von mir entfernt und der Lauf seines Maschinengewehrs zeigte nach oben.

Ich drückte ihn gegen die Wand, warf ihn zu Boden, entriß ihm seine Waffe und verbrannte mir dabei die Hand, weil die Waffe vom Schießen sehr heiß war. Dann stand ich auf und sah, daß viele Gläubige den Siedler angriffen. Ich entdeckte meinen Vater und übergab ihm die Waffe. Mein Vater warf sie weit weg von den wütenden Gläubigen, um weiteres Töten zu verhindern.

Folgende Berichte zeigen uns, *wie* einige Personen getötet wurden.* Unter den Toten waren Kinder im Alter von zehn, elf, zwölf und dreizehn Jahren. Der Jüngste, Maraqah, war zehn Jahre alt (s. S. 6). Als ich im Oktober 1994 in Hebron war, besuchte ich seine Familie.

---

* 250 Personen wurden verletzt. Laut der israelischen Untersuchungskommission (der Schamgar-Kommission) waren es jedoch nur 125.

Jaber Aref Ahmad Abu Hadid, 11, wurde durch zwei Kugeln getötet, die auf der rechten Seite den Kopf unterhalb des Ohrs und den rechten Brustkorb durchschlugen.

Mona Ayoub Abu Sneineh, 14, fand Jaber nachdem er verletzt wurde:

> Ich wurde von einem Schrapnell an meiner linken Wange getroffen. Ich versuchte herauszufinden, wer die verletzten Personen waren. Unter ihnen war der Sohn meiner Tante, Jaber Aref Abu Hadid, elf Jahre alt. Ich sah, daß Blut aus seinem Bauch floß.

Khuloud Jibrin Ahmad Atrash, 22, fand den tödlich verletzten Jaber und begleitete ihn ins Krankenhaus.

> Mein zwölfjähriger Neffe, Muhannad Shaher Abu Hadid, kam zu mir, und sagte mir, daß mein Neffe Jaber (der Sohn ihrer Schwester) getötet worden sei. Ich ging, um ihn unter den am Boden liegenden Opfern zu suchen. Ich sah, wie einer der Gläubigen Jaber in seinen Armen hielt und ihn gerade beim Izhaqiyeh-Eingang aus der Moschee zu einem Ambulanzwagen tragen wollte (...) Er blutete aus der Brust (auf der linken Seite). Er erreichte zwar noch das Krankenhaus, aber Minuten später sagten uns die Ärzte, daß er schon tot sei (...) Jaber wurde (noch am gleichen Morgen) um 9.00 Uhr auf dem Dorffriedhof in der Nähe des Hauptmarktes von Hebron begraben.

Walid Zuheir Mahfuz Hafez Abu Hamdiyeh (Gheith), 13, eines von fünf Kindern, ging mit Freunden zur Ibrahimi-Moschee zum Frühgebet. Ihm wurde während des Gebets in den Rücken geschossen. Nicht identifizierte Personen trugen ihn hinaus und brachten ihn ins Ahli-Krankenhaus*, wo sein Tod bestätigt wurde. Mahfuz, sein Vater, teilte uns mit, daß einige Jugendliche seinen toten Sohn vom Ahli-Krankenhaus zu seinem Haus trugen. Er wurde noch am gleichen Tag um 8.00 Uhr morgens in Jabal Johar begraben. Walid war ein Vorzugsschüler der achten Volksschulklasse in Hebron.

Die Familie Abu Sneineh, eine der größten in Hebron, verlor bei dem Massaker sechs Familienmitglieder.

Marwan Mutlaq Hamad Abu Sneineh, 34, ein Vater von sechs Kindern, aus dem Qaitun-Viertel von Hebron, wurde beim Beten in der Ibrahimi-Moschee durch vier Kugeln in Kopf, Hals, Rücken und rechte Schulter tödlich getroffen. Sein zehnjähriger Sohn, der Augenzeuge seiner Ermordung war, gab PHRIC folgenden Bericht:

> Um fünf Uhr morgens ging ich zur Ibrahimi-Moschee zum Frühgebet. Ich saß neben meinem Vater in der vorletzten Reihe. Kaum hatten wir uns zur ersten Verneigung niedergekniet, da hörte ich heftiges Gewehrfeuer. Ich schaute mich um und sah, wie ein Siedler in Militäruniform aus nächster Nähe auf die Gläubigen schoß. Als ich und andere Gläubige die Moschee verlassen wollten, hinderten uns Soldaten daran. Sie schossen auf uns und schlossen das Tor. Sehr viele Gläubige fielen verletzt zu Boden, während andere laut »Allahu Akbar!« zu rufen begannen. Zu diesem Zeitpunkt öffneten die Soldaten wieder das Tor. Ich sah, daß mein Vater am Kopf, Bauch, Hals und Arm blutete. Einige Gläubige leisteten ihm Erste Hilfe. Er wurde ins Ahli-Krankenhaus gebracht, wo er starb.

---

* Die von den Zeugen erwähnten Krankenhäuser Ahli, Alia und Mohammad Ali Muhtaseb befinden sich in Hebron; das Makassed-Krankenhaus in Ostjerusalem.

Marwans Frau war zum Zeitpunkt seines Todes im sechstes Monat schwanger.

Khaled Khalawi Abu Hussein Abu Sneineh, 60, verheiratet, ein Bauer, wurde in der Ibrahimi-Moschee durch fünf Kugeln in den Rücken getötet. Er starb auf dem Weg zum Ahli-Krankenhaus, wo sein Tod bestätigt wurde. Er wurde noch am gleichen Tag um 8.30 Uhr auf dem Turbeh-Friedhof begraben. Er war das älteste Opfer des Massakers.

Saber Musa Husni Katbeh Bader, 32, ein Arbeiter und Vater von vier Kindern, starb an schweren Blutungen, die durch viele Einschüsse in der Brust verursacht wurden (s. S. 6). Einer der Gläubigen, Attaya Hasan Jibrini, 26, sagte aus, daß er mit Hilfe anderer Personen Saber Bader durch das Josefstor aus der Moschee trug und seinen Körper in der Nähe des Bereichs für rituelle Waschungen niederlegte. Saber war offenbar sofort gestorben. Um 6.30 Uhr wurde er im Ahli-Krankenhaus für tot erklärt und danach im Rasgebiet, in der Nähe des Jabari-Viertels, begraben. Zum Zeitpunkt seiner Ermordung war Sabers Frau schwanger.

Als ich im Oktober 1994 nach Hebron fuhr, traf ich auch die leidgeprüfte Familie Sabers und lernte seine Frau, seine vier Kinder und seine Schwägerin kennen. Die beiden Frauen waren am Tag des Massakers auch beim Gebet in der Moschee gewesen.

Mai, Sabers Frau, und ihre Schwester, Salwa Dana, berichteten mir, daß sie beim Verlassen der Jawliyah (dem Gebetsbereich für Frauen) sahen, wie Soldaten das nahegelegene Tor schlossen und auf die Leute schossen, auch auf jene, die die Verwundeten trugen. Mai erlitt ein

Felicia Langer mit Mai Katbeh und ihrer Schwester in Hebron (Oktober 1994)

Fehlgeburt. Sie nimmt das gefaßt hin. Das sei Gottes Wille.

Sie erzählte mir, daß sie am Tag vor meinem Besuch mit ihren Kindern in die Altstadt gegangen sei. Siedler hätten sie dort verflucht, angespuckt und geschrien, daß es noch mehr Goldsteins geben werde. Der Bruder des Ermordeten zeigte mir eine vernarbte Wunde an seinem Kopf, das Mal einer Verletzung durch einen Siedler. Salwa Dana, Mais Schwester, berichtete, daß ihre Familie wegen der ständigen Angriffe der Siedler aus der Altstadt hierher zu ihrer Schwester ziehen mußte.

Aus der langen Liste der Berichte über die Opfer, nur noch zwei Aussagen über deren Tod:

Abdul Haq Ibrahim Abdul Haq Ja'abari, 57, Vater von sechs Kindern, aus dem Ras-Viertel in Hebron (das der

Siedlung Kiryat Arba gegenüberliegt), wurde in der Ibrahimi-Moschee von drei Kugeln in Lende, Kopf und Brust getroffen. Maliha Ya'coub Taha Ja'abari, 51, fand Salman und Abdul Haq Ja'abari, als sie verwundet in der Moschee lagen:

> Ich ging mit anderen Frauen an den Soldaten vorbei in die Moschee. Dort sah ich sehr viele Gläubige in ihrem Blut liegen. Ich erkannte zwei meiner Verwandten: Abdul Haq Ja'abari, der am Kopf getroffen worden war und aus einer Schädelwunde blutete, und Salman Awwad Ja'abari, der neben ihm lag und aus einer Wunde im oberen Brustbereich blutete.

Maliha selbst wurde durch den Streifschuß eines Soldaten am Kopf verwundet, und auch sie wurde in ein Krankenhaus gebracht.

Mohammad Kifah Abdul Mu'az Zakariya Maraqah, ein zehnjähriger Schüler, das jüngste Opfer und eines von fünf Kindern, wurde mit drei Schüssen in Kopf, Hals und Schulter getötet. Sein Vater, der zweimal durch Schüsse in die Hand verwundet wurde, trug ihn aus der Moschee. Der neunjährige Nidal, Mohammads Bruder, berichtet dazu folgendes:

> Ich ging mit meinen Eltern und zwei Brüdern zur Ibrahimi-Moschee. Ich betete in der vorletzten Reihe, mein Bruder Mohammad Kifah war aber in der letzten Reihe und mein Vater ein, zwei Reihen vor uns. Das Schießen begann, und ich beobachtete wie mein Vater an einer Hand verletzt wurde. Als er sah, daß mein Bruder verletzt war, ging er zu ihm und trug ihn weg.

Er brachte meinen Bruder zum Mohammad-Ali-Muhtaseb-Krankenhaus. Mein anderer Bruder und ich verließen barfuß die Moschee und gingen meiner Familie und den Onkeln Bescheid sagen, was passiert war, damit sie meine Mutter von der Moschee abholen konnten. Wir fuhren in einem Privatauto dorthin.

Ich erinnere mich, daß ich zu Boden fiel, als das Schießen losging. Dann schaute ich mich aber um und sah, daß ein langbärtiger Soldat auf die Gläubigen schoß. Hinter ihm standen drei Siedler nicht weit vom Tor, nahe bei der Höhle. Auch sie schossen. Als wir gerade durch das Josefstor die Moschee verlassen wollten, hörte ich, wie eine Frau einen Soldaten anschrie, sie sollten doch keine Araber töten. Er antwortete ihr: »Ihr Araber tötet uns Juden!«

Ich habe auch diese leidgeprüfte Familie im Oktober 1994 in Hebron besucht. Ich lernte die Brüder des Ermordeten kennen und sprach mit dem kleinen Nidal, der obige Zeugenaussage machte. Er bestätigte sie nochmals und fügte hinzu, er hätte bei mehreren Gelegenheiten ausgesagt, daß er außer Goldstein zwei Soldaten schießen sah.

Die Mutter des ermordeten Kindes hielt tapfer ihre Tränen zurück. Sie gestand mir aber, daß der Schmerz über diesen Verlust so tief sei, daß ihr Gram nicht enden wolle. Nidal berichtete mir noch, er hätte gesehen, wie sein Bruder am Boden lag und wie Blut aus seinem Kopf strömte. Er hätte ihn aufheben wollen und mit lauter Stimme angesprochen, doch er hätte ihm keine Antwort mehr gegeben.

Auch der Vater des getöteten Kindes rekonstruierte die Ereignisse noch einmal für mich. Seine Stimme war voller Bitternis, Schmerz und Zorn. Seine doppelte Verwundung machte ihm schwer zu schaffen. Eine Operation an der Hand hatte er schon hinter sich, eine zweite stand bevor. Einige Tage nach dem Tod ihres Kindes erlitt die Mutter, die schwanger gewesen war, eine Fehlgeburt.

Das Verhalten der Soldaten beim Abtransport der Verwundeten aus der Moschee

Der PHRIC-Bericht und die einschlägigen Zeugenaussagen zu diesem Thema werfen ein düsteres Licht auf das Zusammenspiel von Armee und Siedlern, wir lesen dazu folgendes:

> Schwerverletzte Gläubige mußten durch den nordwestlichen Eingang über eine Entfernung von 200 bis 300 Metern (anstatt durch den Osteingang, von dort sind es nur 70 Meter) durch enge Gänge, treppab, die Straße entlang und vorbei an einer Straßensperre des Militärs getragen werden, ehe sie zu einer Stelle kamen, von wo aus sie abtransportiert werden konnten. Die Straßensperre wurde nach einiger Zeit von der Menschenmenge beseitigt.
>
> Die vorsätzlichen Handlungen der Soldaten unmittelbar nach dem Massaker fügten den Opfern des Massakers noch mehr Leid zu: Wer dem bewaffneten Siedler zu entkommen suchte, sah sich Schüssen durch die Armee oder Schlägen ausgesetzt; obwohl die Soldaten für die »öffentliche Sicherheit« verantwortlich sind, erhielten die verletzten Palästinenser beim Abtransport keinerlei medizinische Hilfe durch die Armee; unnötige »Sicherheitsüberprüfungen« an militärischen Straßensperren führten für Verwundete, die dringend einer Notversorgung bedurften, zu wei-

teren Verzögerungen. Außerdem wurde, kurz nachdem sich die Nachricht vom Massaker verbreitet hatte, der Strom ab 6.15 Uhr bis um 16.00 Uhr in der ganzen Stadt abgestellt. Die Krankenhäuser waren nur deshalb in der Lage zu arbeiten, weil sie eigene Generatoren besaßen.

Gläubige, die vor den Schüssen fliehen wollten, wurden durch weitere Gewehrsalven von Goldstein daran gehindert, der erneut das Feuer eröffnete, als er das Magazin seines Maschinengewehrs ausgewechselt hatte. Dann jedoch sahen sich Gläubige und herbeigeeilte Helfer an mindestens vier Stellen erneutem Gewehrfeuer ausgesetzt; diesmal schossen Soldaten.

Unverletzte oder nur leicht verletzte Gläubige beeilten sich, dabei zu helfen, Tote und Verletzte vor die Moschee und zu Autos zu tragen, die in der Nähe geparkt waren. Als alle Autos besetzt waren, gaben draußen Soldaten den Befehl, die Verwundeten auf dem Vorplatz, wo die rituellen Waschungen vorgenommen werden, auf dem Boden liegen zu lassen. Von dort aus wurden dann die Verwundeten auf höchst gefährliche Weise durch Privatautos abtransportiert, drei oder vier auf einmal, wobei manche Verletzte auf die Kühlerhauben der Autos gelegt wurden. Von den Waqf-Wächtern und Bewohnern aus der Nachbarschaft herbeigerufene private Ambulanzen konnten den (Moschee-) Bereich nicht erreichen, weil Straßensperren des Militärs ihnen die Zufahrt versperrten. Als die Ambulanzen schließlich eintrafen, waren die meisten Opfer schon zu den Krankenhäusern gebracht worden. Nur zwei Ambulanzen transportierten Opfer von der Moschee zu naheliegenden Krankenhäusern.

Weitere Zeugenaussagen vermitteln ein Bild von den katastrophalen Bedingungen beim Abtransport der Verwundeten. Soldaten verwendeten scharfe Munition am Ausgang und vor der Moschee und behinderten die Hilfe für die Verletzten.

Mahmoud Sadeq Mohammad Abu Za'nuneh, 49, Vater von vier Kindern, wurde in der Ibrahimi-Moschee von vier Kugeln in den Kopf und in die Hand tödlich getroffen. Shaher, Mahmouds Sohn, sagte darüber folgendes aus:

> Beim Ein-el-Hamra-Tor hinderten mich Soldaten (er trug den verletzten Vater) am Hinausgehen. Sie hielten mir ihre Waffen direkt vors Gesicht. Ich kehrte um und ging zurück zum Haupteingang. Da näherte sich ein Trupp Soldaten. Einer von ihnen rempelte mich an. Es gelang mir, den 200 Meter entfernten Rastplatz der Moschee zu erreichen. Von dort aus transportierte ich meinen Vater in einem Dienstauto, einem Mercedes. Wir fuhren in Richtung Alia-Krankenhaus. Doch unweit von Dabboya begannen Soldaten auf das Auto zu schießen. Als wir endlich im Alia-Krankenhaus eintrafen, gab man ihm (dem Vater) Glukose, dann wurde er ins Ahli-Krankenhaus gebracht. Vom Ahli-Krankenhaus wurde er ein weiteres Mal in einer Ambulanz ins Makassed (Krankenhaus) überführt. Ich blieb die ganze Zeit über bei ihm. Auf dem Weg zum Makassed stoppten uns Soldaten. Erst nachdem sie uns verhört hatten, ließen sie uns passieren. Mein Vater hing noch immer an zwei Glukose-IV-Nadeln. Ich meine, daß er bereits tot war, als wir das Ahli-Krankenhaus verließen.
>
> Bei der Ankunft im Makassed wurde dann sein Tod festgestellt. Wir nahmen ihn mit uns zurück nach Hebron und begruben ihn noch am gleichen Morgen gegen zehn Uhr in Wadi Ihriyeh.

Tareq Adnan Mohammad Ashour (Abu Sneineh), 12, eines von sechs Kindern, wurde, als er in der Ibrahimi-

Moschee betete, von drei Kugeln in Kopf, Seite und Brust getroffen. Sein Vater, Adnan, erfuhr von seiner Ermordung erst, nachdem er beim Abtransport anderer verletzter Gläubiger geholfen hatte:

> Bevor ich die Moschee verließ, sah ich drei Siedler im Hauptschiff der Moschee stehen, die ihre Waffen ins Innere der Moschee richteten. Unmittelbar nachdem Schüsse gefallen waren, begegnete ich vier verwundeten Gläubigen am Haupttor der Moschee. Zwei von ihnen brachte ich in meinem Auto zum Alia-Krankenhaus. Ich kehrte zur Moschee zurück und transportierte zwei weitere Verletzte vom Vorplatz der Moschee zum gleichen Krankenhaus. Jedesmal wurde ich beim Rastplatz der Moschee in der Nähe der Religionsschule durch Soldaten gestoppt, die mich daran hindern wollten, die Verletzten zum Krankenhaus zu bringen und meine Weiterfahrt minutenlang verzögerten. Als ich ein drittes Mal zur Moschee zurückkehrte, sagten mir Anwohner, die Verletzten seien alle aus der Moschee abtransportiert worden. Nun fielen mir meine Verwandten und Nachbarn ein, die ich während der ganzen Zeit nicht gesehen hatte. Als ich mich auf die Suche nach ihnen machte, sah ich meinen Sohn Ayman in der Nähe des Alia-Krankenhauses und fragte ihn nach seinem Bruder Tareq. Er sagte, er hätte ihn nicht gesehen. Ich lief nach Hause, aber dort war er auch nicht. Dann ging ich zum Mohammad-Ali-Muhtaseb-Krankenhaus und von dort weiter zum Ahli-Krankenhaus, wo ich meinen Sohn tot vorfand. Ich nahm seinen Leichnam mit und begrub ihn gegen zehn Uhr morgens auf dem Familienfriedhof.

Talal Mohammad Daoud Mohammad Dandis, 26, ein Kaufmann, Vater von zwei Kindern (seine Frau war mit Zwillingen schwanger), wurde in der Ibrahimi-Moschee durch Schüsse in Kopf und Brust schwer verwundet. Hier die Aussage seines Bruders, Jalal, 28:

> Als wir das Mathara-Tor erreichten, begannen Soldaten (in der Nähe des Haupteingangs) zu schießen. Es schien, als wollten sie uns daran hindern, den Verletzten Erste Hilfe zu leisten. Sie erlaubten auch den Autos nicht, nahe genug heranzufahren, um beim Abtransport zu helfen. Die Verzögerung hielt 15 Minuten an.
>
> Die Verwundeten wurden in zwei Etappen weggebracht: zuerst zum Mathara (-Tor) und von dort zur Hauptstraße. Da die meisten verwundet waren, konnten nur wenige dabei helfen.
>
> Mein Bruder wurde in einer Ambulanz des Alia-Krankenhauses weggebracht. Es war die erste Ambulanz, die den Platz erreichte. Als wir zum Krankenhaus kamen, war er tot. Wir begruben ihn um sieben Uhr in Dura (einem Dorf in der Nähe Hebrons)...
>
> Als ich in der Nähe des Ahli-Krankenhauses war, beobachtete ich, wie Soldaten während der Konfrontationen zwei Personen töteten.

Diab Abdul Latif Hirbawi Karaki, 23, Schuhmacher, wurde in der Anlage direkt vor der Moschee in den Kopf geschossen. Nabil Musleh Abu Mayyala, 29, war Zeuge, wie Soldaten auf Diab schossen und dann vorsätzlich die medizinische Versorgung um zehn Minuten verzögerten:

> Als ich Schießen und Schreien hörte, ging ich zum Vorplatz der Moschee, um zu erfahren, was passierte. Es dürfte 5.30 Uhr gewesen sein, als ich am Vorplatz ankam. Ich sah dort eine Menge Soldaten, die uns daran hinderten, die Moschee zu betreten oder irgendeine Hilfe für die Verletzten zu leisten. Um den Weg zu blockieren und die Leute davon abzuhalten, die Verletzten in die Krankenhäuser zu

> bringen, hielten sie (die Soldaten) sich an den Händen gefaßt. Dann fingen sie heftig zu schießen an und schossen auch Lärmschockgranaten ab, die mit ihrem Getöse die Menschen in Furcht und Schrecken versetzten.
>
> Ich sah ein paar Soldaten in Richtung Anlage gegenüber dem Rastplatz gehen und wie ein Mitglied der Familie Karaki vor ihnen herrannte. Sie schossen auf ihn, trafen ihn, und er fiel zu Boden. Ich versuchte ihm beizustehen, doch die Soldaten, die auf ihn geschossen hatten, hielten mich mit Gewalt davon ab. Sie schlugen mir ihre Gewehrkolben auf den Kopf, einer von ihnen trat mich, alles nur, um zu verhindern, daß ich einem Verletzten half, der wenig später starb. Meine Schwester, die dem Verletzten auch helfen wollte, wurde genauso traktiert wie ich. Wir kämpften zehn Minuten darum, ihm helfen zu dürfen, bis es uns schließlich gelang, ihn in mein Auto und ins Ahli-Krankenhaus zu bringen, wo er starb.

Shaban Natscheh, der Bruder des *Muezzins*, hörte ,wie viele andere Zeugen auch, Gewehrfeuer aus einer anderen Quelle, und zwar in dem Moment, als Goldstein seine Waffe nachlud. Als er die Moschee fluchtartig verlassen wollte, wurde einem vor ihm rennenden Gläubigen in den Kopf geschossen, offenbar von dem am Toreingang stehenden Soldaten:

> Während er (Goldstein), das Magazin wechselte, hielt das Gewehrfeuer an ... Ich kroch weiter, um mich hinter dem Schrein des Ibrahim zu verstecken, sprang dann blitzschnell auf und rannte auf die Haupttür zu ... Ein anderer Gläubiger rannte vor mir her ... Als wir zur Haupttür kamen, sah ich ihn zu Boden stürzen. Man hatte ihm in die Stirn geschossen. Ich wollte ihn wegtragen, doch ein Soldat bedrohte mich und befahl mir, ihn liegen zu lassen.

Ich hob meine Hände über den Kopf und ließ die verwundete Person, die, wie ich meine, tödlich getroffen war, liegen. Nun rannte ich in Richtung Jawliyah, doch dort stieß ich auch auf Soldaten, die auf mich schießen und an der Flucht hindern wollten ...

Muhammad Husni Issa Rajabi, 11, ein Schüler der siebten Klasse, sagte aus, daß einem der jungen Männer, der versucht hatte, Goldstein zu stoppen, von hinten in den Rücken geschossen wurde:

Nimr Mujahed griff (wie zuvor schon der *Imam*) die bewaffnete Person an, die immer noch weiterschoß. Als Nimr mit dem Mann zusammenstieß, hörte ich das Peitschen eines Schusses, der von hinten kam, und Nimr stürzte getroffen zu Boden. Dann griffen viele Gläubige, die ich nicht mit Namen kenne, die bewaffnete Person an, und ich sah, wie sie zu Boden fiel. Ich floh aus der Moschee und fand meine Mutter, die am Haupteingang der Moschee stand. Ich beobachtete auch, wie Soldaten auf die Gläubigen schossen.

Maliha Ya'coub Taha Ja'bari, 51, beschrieb, wie sich der Beginn des Massakers in der Jawliyah anhörte, in dem Bereich, der an diesem besonderen Freitag den Frauen zum Beten angewiesen wurde. Von dort beobachtete sie, wie Soldaten das Feuer auf Gläubige eröffneten. Sie selbst wurde auch verwundet:

Gegen fünf Uhr früh ging ich mit meiner zehnjährigen Enkelin Maliha zur Ibrahimi-Moschee. Wir kamen etwa um 5.10 Uhr dort an. Am Osttor standen drei Soldaten und zwei Waqf-Wächter. Als wir in den Gebetsraum der Moschee gehen wollten, hielt mich ein Soldat davon ab und deutete mit der Hand auf den Jawliyah-Bereich.

Sobald der Ruf zum Gebet erschollen war, begannen wir zu beten. Noch vor dem Niederknien zur ersten Verbeugung hörte ich das Dröhnen einer schweren Explosion, gefolgt von einer zweiten.

Wir hörten auf zu beten, und die Frauen begannen »Allahu Akbar!« zu rufen. Ich sah, wie die Soldaten das Außentor schlossen und in Richtung Westeingang zu schießen begannen. Ich beobachtete, wie sich einer der Waqf-Wächter hinter einer Säule im Jawliyah-Bereich versteckte; ich konnte aber nicht feststellen, wohin der andere Wächter gegangen war. Einer der Gläubigen trat vor die Tür der Moschee, und ich hörte ihn rufen: »Alle Menschen in der Moschee werden ermordet! Verständigt die Krankenhäuser!« Ich sah, wie ein Soldat auf ihn schoß und wie er zu Boden stürzte. Ich beobachtete auch, daß zwei beim Eingang stehende Soldaten in die Moschee hineinschossen, während ein dritter an der Westseite des Eingangs schoß.

Minuten später ging ich mit ein paar anderen Frauen an den Soldaten vorbei in die Moschee. Dort lagen viele Gläubige in ihrem Blut...

Beim Betreten der Moschee spürte ich eine Art Brennen oben an meinem Kopf. Doch ich kümmerte mich nicht weiter darum, denn ich wollte ja nach den Verwundeten sehen. Da hörte ich einen der Gläubigen sagen, daß ich am Kopf blutete. Nun merkte ich, daß mir das Blut über das Gesicht lief und auf die Brust tropfte.

Einige Leute aus dem Viertel führten mich zu einer Ambulanz, die vor der Moschee stand. Man brachte mich zum Alia-Krankenhaus, wo ich medizinisch versorgt und noch am selben Tag entlassen wurde. Einige Leute, die in der Nähe der Moschee wohnen, brachten auch meine Enkelin nach Hause, nachdem sie ihnen gesagt hatte, wo sie wohnt.

Jawad Mahmoud Rabah Idris Atrash, 21, kam zur Ibrahimi-Moschee, um bei der Rettung der Opfer zu helfen, und wurde Zeuge, wie die Soldaten auf Anwohner draußen vor der Moschee schossen (das gleiche beobachtete auch Ali Rajab):

> Gegen 5.30 Uhr am Morgen war ich beim Frühgebet in der Nur-Moschee, im Qaitun-Viertel, da erfuhren ich und andere Gläubige, was in der Ibrahimi-Moschee geschah, und wir gingen hin, um den Verwundeten Beistand zu leisten. Gegen sechs Uhr waren wir dort. Ich sah, daß Soldaten alle Eingänge zur Moschee belagerten und wie sie auf Bewohner aus der Nachbarschaft, die hineingehen und Erste Hilfe leisten wollten, schossen. Tausende hatten sich in der Nähe der Moschee versammelt, und viele Autos standen für den Abtransport der Verwundeten bereit. Ich beobachtete, wie zwei Anwohner getroffen wurden und zu Boden fielen. Sie standen nur wenige Meter von mir entfernt...

Faraj Rateb Rabah Maswadeh, 23, wurde von Soldaten draußen vor der Moschee angeschossen:

> Ich wollte zur Ibrahimi-Moschee, um dort Verwundete zu retten. Einer der Soldaten schoß mir in das rechte Fußgelenk. Ich fiel zu Boden. Jemand aus dem Viertel brachte mich in seinem Privatauto ins Alia-Krankenhaus. Wegen der Straßensperren im Stadtzentrum war der Fahrer jedoch gezwungen, einen Umweg von drei Kilometern zu fahren.

Mohammad Jabara Suleiman Yusef Burqan, 33, ein Bauunternehmer, beobachtete wie zwei Jugendliche aus der Moschee flohen. Später sah er sie tot vor der Moschee:

> Ich hatte Glück, daß ich hinter einem der Schreine stand, der mich vor den Kugeln schützte. Während der Jude schoß beobachtete ich, wie zwei Jugendliche aus der Gebetshalle hinaus in den Hof flüchteten. Später sah ich die beiden draußen wieder: Sie waren tot. Als ich einigen Verletzten Beistand leistete, mußte ich sie durch den Nordwesteingang bringen, weil Soldaten den am nächsten liegenden Osteingang geschlossen hatten. Nachdem ich sechs Verwundete vor die Moschee geschleppt hatte, fuhren sie einige Bewohner des Viertels mit ihren Privatautos in die Krankenhäuser. Doch dann brach ich zusammen und verlor das Bewußtsein. Drei Stunden später kam ich im Ahli-Krankenhaus wieder zu mir und ging nach Hause.

In diesem Kontext möchte ich auch auf die Zeugenaussage von Nidal Maraqah, dem Bruder des ermordeten zehnjährigen Mohammad Kifah, verweisen, in der er von zwei Soldaten spricht, die außer Goldstein geschossen hätten, und der diese Aussage auch mir gegenüber im Haus seiner Eltern noch einmal bekräftigte.

Rajeh Shader Abdul Halim Syouri, 18, sagte aus, sein Onkel sei durch Soldaten davon abgehalten worden, einem Kind Erste Hilfe zu leisten. Rajeh beobachtete auch, wie Soldaten schossen und einen Mann, der sein totes Kind aus der Moschee trug, verwundeten. Rajeh selbst wurde ins Bein geschossen:

> Ich wurde von einer Kugel ins rechte Bein getroffen. Nachdem ich verwundet wurde, blieb ich so lange am Boden liegen, bis das Schießen aufhörte und die Gläubigen in der Moschee anfingen, die Verwundeten zu betreuen. Vier Soldaten an der Tür erschwerten ihnen diese Hilfeleistung. Mein Onkel, der zunächst bei mir war, wollte einem Kind

helfen, da bedrohte ihn einer der Soldaten. Und als ein Vater seinen Sohn, der durch einen Nackenschuß verletzt worden war, versorgen wollte, schossen sie dem Vater in die Hand (Abdul Mu'iz Maraqeh).

Badr Abdel Halim Syouri, 42, einer der Gläubigen, sagte aus:

> Die Jugendlichen kümmerten sich (in der Moschee) sofort um die Verwundeten. Als auch ich versuchte, die Verwundeten zu versorgen, hielt mich ein Soldat davon ab, einem achtjährigen Jungen beizustehen. Ich mußte den verletzten Jungen auf dem Boden liegen lassen und weggehen.

Jalal Dandis, dessen Bruder bei dem Massaker getötet wurde, berichtete:

> Als ich das Mathara-Tor erreichte, begannen die Soldaten (in der Nähe des Haupteingangs) zu schießen, damit die Verletzten keine Erste Hilfe erhielten. Sie hinderten auch die Autos daran, nahe genug heranzufahren, um bei der Versorgung (der Verwundeten) zu helfen. Die Verzögerung dauerte an die 15 Minuten.
>
> Die Verletzten wurden in zwei Etappen weggebracht: zuerst an die Mathara und von dort auf die Hauptstraße. Es waren nur wenige Leute, die mithelfen konnten, da die meisten selbst verletzt waren.

Der Waqf-Wächter Mohammad Haddad sah, wie Soldaten vor der Moschee in alle Richtungen schossen:

> Ich sah sehr viele Gläubige, die schreiend die Moschee verließen und darum baten, man solle sie doch die Verletzten retten und aus der Moschee hinausbringen lassen. Sie strit-

> ten mit den Soldaten, und ich sah, wie die Soldaten auf sie schossen. Ich duckte mich hinter das neue Südtor und beobachtete, wie eine Menge Soldaten am Platz eintrafen. Jeder von ihnen schoß in alle Richtungen.

Hatem Khader Nimer Fakhouri, 25, ein Arbeiter, Vater von zwei Kindern, erhielt in der Ibrahimi-Moschee Schüsse in den Rücken und das Becken. Er starb in einer Ambulanz auf dem Weg vom Ahli-Krankenhaus in Hebron zum Makassed-Krankenhaus in Jerusalem. Die Ambulanz wurde mehrere Male an Straßensperren der Armee angehalten. Bei der Ankunft im Makassed war Hatem bereits tot.

Dr. Izhaq Hamdi Izhaq Shahin, 44, ein Arzt im Dienst des Roten Kreuzes, war in der Ambulanz, mit der Hatem transportiert wurde.

> Wir überführten zwei Personen vom Ahli- ins Makassed-Krankenhaus, weil ihre Verletzungen lebensbedrohlich waren. Auf dem Weg zum Makassed – wir hatten die Abzweigung Beit Ummar noch nicht erreicht – zwangen uns einige Soldaten mit der Waffe im Anschlag zum Anhalten. Sie durchsuchten die Ambulanz und ließen uns dann nach zwei Minuten weiterfahren. 15 Minuten nach unserer Ankunft im Makassed war einer der Verletzten, Khader (Hatem) Fakhouri, tot. Im unteren Rückenbereich hatte ich zwei Kugeleintrittsöffnungen gesehen, an denen er verblutete.
>
> Sein Leichnam wurde nach Bethlehem gebracht, wo ihn seine Familie heimlich gegen 10.30 Uhr vormittags an einem Platz in der Nähe des Grabmals der Rachel beerdigte, weil über Hebron eine Ausgangssperre verhängt worden war.

Imam Rajabi, der in der Hüftgegend und an einem Bein verwundet wurde, sagte aus, daß er beim Verlassen der Moschee heftiges Gewehrfeuer hörte. Auf dem Weg zur medizinischen Notversorgung nach Jerusalem wurde der Krankenwagen bei jeder Straßensperre zehn Minuten lang aufgehalten.

> Draußen sah ich viele Soldaten, die gerade dabei waren, die Moschee zu umstellen. Als ich mit großer Mühe etwa 50 Meter weit gegangen war, hörte ich hinter mir heftiges Gewehrfeuer. Ich schaffte es bis zum Rajabi-Viertel in der Nähe der Moschee. Nachdem man mir dort Erste Hilfe geleistet hatte, brachte man mich und Husni Rajabi, einen meiner Verwandten, der auch verwundet worden war, in einer Ambulanz ins Makassed-Krankenhaus. Auf dem Weg nach Jerusalem stießen wir auf Straßensperren des Militärs. Die Soldaten stoppten uns, verhörten uns und verzögerten so unsere Fahrt um fünf bis zehn Minuten an jeder Straßensperre.

Der Ambulanzfahrer Shaher Mohammad Hamed Mujahed, 44, wurde auf dem Weg zum Makassed-Krankenhaus in Jerusalem an fünf verschiedenen Straßensperren des Militärs gestoppt und verhört.

Sa'id Id'eis, 53, ein Krankenwagenfahrer beim Roten Kreuz, wurde von Soldaten in der Nähe der Siedlung Hadassa (Dabboya-Gebäude) angehalten und gezwungen, für den Verwundetentransport eine andere Route zur Moschee zu fahren. Als er schließlich dort ankam, hinderten ihn wieder andere Soldaten daran, die Verwundeten fortzubringen. Am Ende benutzte er die Ambulanz nur zum Transport von Verwundeten von einem Krankenhaus zum anderen.

Das Blutbad an diesem schwarzen Tag beschränkte sich nicht nur auf die Ibrahimi-Moschee in Hebron. Die Armee setzte es beim Ahli-Krankenhaus und an anderen Orten fort. Doch davon will ich in einem anderen Kapitel sprechen.

Inzwischen war über Hebron eine Ausgangssperre verhängt worden. Wie sonst auch richtete sie sich gegen die Opfer, während die Siedler, aus deren Mitte der Mörder kam, volle Bewegungsfreiheit genossen.

Die Opfer, in ihrem Schmerz und Zorn allein gelassen, wurden eingesperrt wie in einem großen Gefängnis: keine gegenseitigen Besuche der Familien, keine Trauerbekundungen, nur endloser Schmerz, endloses Leid, isoliert in den eigenen vier Wänden. Die Ausgangssperre dauerte 30 Tage, paralysierte die ganze Stadt und schadete ihrem Leben in all seinen Aspekten. Auch später wurden immer wieder Ausgangssperren für kürzere Zeitabschnitte verhängt, wodurch die leidgeprüften Menschen in dieser Stadt noch mehr gequält wurden.

Am Tag des Massakers, nur unweit der Stätte des schrecklichen Verbrechens, das die Welt schockierte, beendeten die jüdischen Siedler ihre Vorbereitungen für den Sabbat. Es war Purim, ein jüdischer Feiertag, eine Art Karneval, an dem sich die Kinder bunt verkleiden, so wie es der Brauch verlangt. Der Knesset-Abgeordnete Hanan Porat kam zu ihnen auf Besuch. Er umarmte die Kinder und sagte: »Nun müssen wir alle fröhlich sein, denn heute ist in Purim, ein fröhlicher Tag für die Juden.«

Die Reaktion der Regierung

Die erste Reaktion der israelischen Regierung kam aus dem Mund des Ministerpräsidenten, der das Massaker in einer Radiosendung einige Stunden später verurteilte. Er bezeichnete es als »mörderischen Anschlag eines Psychopathen auf unschuldige Menschen« und forderte beide Seiten auf, »Zurückhaltung zu üben«.

Doch die Brutalität der Armee gegenüber den Palästinensern in der gesamten Westbank nach dem Massaker zeugte davon, daß der Aufruf zur Zurückhaltung nicht an die Armee, sondern an die Opfer und diejenigen, die sich mit ihnen solidarisch fühlten, gerichtet war. Davon wird noch die Rede sein.

Auf einer Sondersitzung der Regierung, die Rabin zur Beratung über das Massaker einberufen hatte, wurde vereinbart, dem Ministerpräsidenten eine Liste von Vorschlägen über Maßnahmen gegen extremistische Siedler und die Einsetzung einer Untersuchungskommission zur Entscheidung vorzulegen. Bei dieser Gelegenheit sprach Rabin auch von einem verabscheuungswürdigen Mord an Betenden, an einem Juden wie Arabern heiligen Ort, durch einen wahnsinnigen Mörder.

General Dani Yatom glaubte bereits zu diesem Zeitpunkt zu wissen, daß das Massaker von einem einzigen Mann verübt worden war und daß die Soldaten, die bei der Machpela-Höhle/Ibrahimi-Moschee waren, nicht geschossen hätten.

In der Sitzung am 27. Februar 1994 beschloß die Regierung die Einsetzung einer Untersuchungskommission, trotz Rabins Einspruch, daß eine solche Kommission den Offizieren der Armee nur Energie rauben würde. Auf der gleichen Sitzung entschied die Regierung, verschiedene Maßnahmen in Erwägung zu ziehen. Eine davon war, die Organisation »Kach«* und »Kahane Chai«** auf der Basis eines Erlasses, der Terrororganisationen verbietet, für illegal zu erklären. Wie einige Journalisten berichteten, gab es im Sicherheitsgremium auch Vorschläge, die Siedler aus Hebron zu entfernen, wogegen sich Rabin als einziger nachdrücklich aussprach.

Es wurden fünf Administrativhaft-Befehle gegen Aktivisten der »Kach«- und der »Kahane-Chai«-Bewegung ausgestellt; ein Mitglied der »Kahane Chai« wurde verhaftet, weil er sich geweigert hatte, seine Waffe abzugeben. Anfang März wurden beide Organisationen tatsächlich zu illegalen Terrororganisationen erklärt.***

Was die Waffen angeht, die abgegeben wurden, so handelte es sich um acht Gewehre und dreizehn Revolver. Man kann das nur als Farce bezeichnen. Da kein einziger Siedler aus Hebron entfernt wurde und sich die Aktion der Regierung allein gegen diese beiden kleinen Organisationen richtete, die nur die Spitze des Eisberges darstellen, zeugt dies alles samt der Grausamkeit gegenüber der Bevölkerung in den besetzten Gebieten nach dem Massaker nur von ihrem deformierten Gerechtigkeitssinn.

Eines der härtesten Mittel gegen die Bevölkerung der besetzten Gebiete war, sie abzuriegeln. Das Alternative

---

* Kach: extrem rechtsgerichtete Organisation

** Kahane Chai: wörtlich: »Kahane lebt«, extrem rechtsgerichtete fundamentalistische Organisation von Verehrern Kahanes

*** Trotz ihrer Illegalität sind die Mitglieder dieser Organisationen weiterhin problemlos aktiv. (Vgl. *Haaretz*, 9. März 1995)

Informationszentrum erklärte die Gründe für diese Maßnahme:

> Die israelische Regierung riegelte Jerusalem und Israel von der Westbank und dem Gazastreifen ab, angeblich, um einem bevorstehenden Massenaufstand in den besetzten Gebieten vorzubeugen. Wie bei allen vorherigen totalen Absperrungen hielt Israel dies nicht nur für das Beste für seine »Sicherheitsinteressen«, sondern auch für seine Wirtschaftsinteressen. Tzipi Gal-Yam, Wirtschaftsberater beim Finanzministerium, meinte zwar, diese Abriegelung würde nur einen vernachlässigbaren Effekt haben, nicht vergleichbar mit dem bei der Abriegelung im Jahr zuvor. Damals hatte die Abriegelung die Arbeitslosigkeit beträchtlich verringert, weil Israelis die palästinensischen Arbeiter aus den besetzten Gebieten ersetzt hatten. (Vor Beginn der Abriegelung im März 1993 waren 120 000 Arbeiter aus den besetzten Gebieten in Israel und Ostjerusalem beschäftigt gewesen; die Zahl fiel dann auf 40 000 und stieg später wieder auf 50 000 bis 70 000 an.)
>
> Um einen potentiellen Arbeitskräftemangel auszugleichen, faßte Arbeitsministerin Namir den Entschluß, Tausende von Arbeitern aus Thailand zu importieren, ein Schritt, gegen den sie sich früher gesträubt hatte. Alle Bewohner der Westbank und des Gazastreifens, auch jene, die vor dem Massaker die Genehmigung besaßen, Jerusalem zu betreten, waren nun gezwungen, neue Passierscheine zu beantragen, so wie sie das im Jahr zuvor nach der Abriegelung auch hatten tun müssen. Auf diese Weise setzt Israel seinen vergreisten zionistischen Grundsatz von der rein »jüdischen Arbeit« durch; ausgenommen davon sind natürlich Jobs, die kein Jude zu übernehmen bereit ist.*

---

* Alternative Information Centre (AIC): Hebron Massacre, A Summary of Events, 1994

Felicia Langer mit Hayat, deren zehnjähriger Sohn Mohammad Kifah das jüngste Opfer des Massakers war

Doch die offizielle israelische Reaktion war »Sorge und Scham«, wie Gil Hareven in *Haaretz* vom 4. März 1994 sarkastisch schrieb: »Ein jeder soll sehen, wie schön sich Israel zu seiner Scham bekennt.« Sich zu schämen, so schrieb sie, sei allemal billiger, als die arabischen Schulen mit Geld zu unterstützen oder die Siedler aus Hebron zu räumen. An einem bestimmten Punkt allerdings sei es Schluß mit dem Sich-Schämen: Kaum hatte das israelische Fernsehen damit begonnen, die Namen der ermordeten Palästinenser bekanntzugeben, da hagelte es telefonische Proteste israelischer Bürger, und die Bekanntmachung wurde schamlos gestoppt, obwohl es sonst üblich ist, die Namen der israelischen Opfer palästinensischer Gewalt zu veröffentlichen.

Israels positives Bild im Ausland zu wahren, war nur eine Komponente der Reaktion der Regierung. Die andere war darauf ausgerichtet, die symbiotische Beziehung zwischen Armee und Siedlern in den besetzten Gebieten zu verschleiern, in dem dort herrschenden System der Apartheid, dem letzten dieser Art unter der Sonne.

Nach Goldstein kein Ende

Nur wenige Stunden nach dem Massaker mußten weitere Menschen sterben: Die Zahl der Opfer stieg auf 34. Drei von ihnen wurden in der Nähe des Ahli-Krankenhauses in Hebron getötet, zwei weitere an anderen Orten. Heuchlerisch rief Rabin zur Zurückhaltung auf, während die Armee unter seiner politischen – und ministeriellen – Verantwortung als Verteidigungsminister damit beschäftigt war, Demonstranten zu töten, Menschen, die ihren berechtigten Zorn nach dem Massaker ausdrücken wollten und zur Blutspende für die Opfer gekommen waren.

In all den Besatzungsjahren ist es Usus der Armee gewesen, jene zu verwunden und zu töten, die gegen die Verbrechen der Besatzer demonstrierten und dagegen, daß wieder einmal Unschuldige ihr Leben lassen mußten. So war es nach dem Massaker an der Al-Aksa-Moschee* und bei ähnlichen Vorkommnissen in Gaza, Rafah und anderswo – überall wurde auch noch das Blut von Trauernden vergossen.

Die Berichte über die Vorfälle im Hof des Ahli-Krankenhauses und an anderen Orten, die ich im folgenden wiedergebe, zeigen, daß die Soldaten, die töteten, sich keineswegs in Lebensgefahr befanden.**

Am 25. Februar wurden drei Palästinenser getötet, offenbar durch einen einzelnen israelischen Heckenschützen.

---

* Der Grenzschutz und andere töteten 17 Palästinenser und verwundeten Dutzende am 8. Oktober 1990.

** Siehe PHRIC-Bericht, Sonderdruck, Mai 1994.

Dies geschah im Hof des Ahli-Krankenhauses, in dem sich nach den Aufrufen zum Blutspenden eine große Menschenmenge eingefunden hatte. Viele waren auch gekommen, um Auskünfte über die bei dem Massaker Getöteten und Verwundeten zu erhalten. Soldaten, so wird berichtet, haben den ganzen Morgen über beim Ahli-Krankenhaus scharfe Munition verwendet.

Yoram Binur, 39, ein Reporter von Kanal 2 des israelischen Fernsehens, war auf dem Dach des Ahli-Krankenhauses und machte Videoaufnahmen von dem, was unten geschah. Einem Interviewer von PHRIC gab er folgenden Bericht:

> Sobald ich von dem Massaker in der Ibrahimi-Moschee in Hebron gehört hatte, ging ich am frühen Morgen des 25. Februar dorthin. Ich stieg aufs Dach des Ahli-Krankenhauses, um einige Videoaufnahmen zu machen. Die Situation war angespannt. Ich beobachtete, wie arabische Ambulanzen und Privatautos Verwundete und Getötete zum Krankenhaus brachten; doch wie viele es waren, konnte ich nicht feststellen.
>
> Gegen elf Uhr sah ich, wie sich zwei Militärjeeps näherten. Ich konnte nicht erkennen, ob es Jeeps des Grenzschutzes oder der Armee waren. Eines der Fahrzeuge stoppte in 100 Meter Abstand, das andere in 150 Meter Abstand vom Krankenhaus. Es war mir unerklärlich, warum diese Militärfahrzeuge überhaupt hier waren, da die Bewohner doch damit beschäftigt waren, ihre Verletzten zu bringen und sie medizinisch versorgen zu lassen.
>
> Ich beobachtete, wie ein paar Jugendliche Steine auf einen Jeep warfen, der ihnen am nächsten stand. Zur selben Zeit näherten sich 400 Meter nordwestlich vom Krankenhaus, auf der Beit-Kahel-Straße, sechs Militärfahrzeuge.

Dann sah ich, wie drei oder vier Soldaten aus dem Jeep stiegen, der ganz vorn stand, und wie sie ihre Waffen auf die Menschenmenge auf dem Vorplatz des Krankenhauses richteten. Der Abstand zwischen der Menschenmenge und den Soldaten betrug 50 Meter.

Ich sah, wie einer der Soldaten, 15 Meter vom Jeep entfernt, in die Hocke ging, auf die versammelten Anwohner schoß und wie dann drei oder vier Araber verletzt zu Boden fielen. Die Soldaten hätten ohne weiteres den Platz verlassen können, doch sie blieben aus unerfindlichen Gründen dort. Die Bewohner waren zornig und gewaltbereit, und sie (die Soldaten) hätten sich nicht in der Nähe des Krankenhauses aufhalten sollen. Die Zusammenstöße dauerten etwa 30 Minuten, dann verließ der Jeep den Platz.

Ob sich die Soldaten im anderen Jeep am Schießen beteiligten, sah ich nicht. Später hörte ich von Leuten in der Gegend des Krankenhauses, daß drei Anwohner erschossen worden waren.

Yuman Abdul Ghani Abdul Hamid Qawasmeh, 19, aus dem Scheich-Viertel von Hebron, wurde, als er zum Blutspenden ging, vor dem Ahli-Krankenhaus verwundet:

Am 25. Februar um 5.45 Uhr morgens riefen Lautsprecher der Hebroner Moscheen die Leute dazu auf, in den Krankenhäusern Ahli und Alia Blut zu spenden. Ich ging nach Bab Zawyeh (in Hebron). Von dort nahm mich ein Privatauto mit zum Ahli-Krankenhaus. Als ich ankam, sah ich Tausende von Menschen, aber auch Ambulanzen, Privatautos und Taxis, die Verwundete und Getötete zum Krankenhaus brachten.

Als ich gerade einen bei dem Massaker Getöteten tragen helfen wollte, hörte ich »Allahu-Akbar«-Rufe und sah, wie drei Tränengasgranaten in den Krankenhaushof fielen, in dem sich die Menschen versammelt hatten. Dort, von wo die Granaten abgeschossen worden waren, standen vier Militärjeeps; ein Jeep war ein Stück weit vor den anderen geparkt. Drei Soldaten stiegen aus diesem Jeep, und einer von ihnen ging, drei Meter vom Jeep und 20 Meter vom Krankenhaus entfernt, in die Hocke. Er zielte auf mich, schoß und traf mich in die rechte Schulter. Ich fiel zu Boden. Ein paar Leute aus dem Viertel trugen mich ins Krankenhaus. Auch mein Kopf und ein Finger der linken Hand wurden von Schrapnellen getroffen.

Als ich zwei Stunden später das Krankenhaus verließ, sah ich, wie einer der Soldaten in der Nähe des Krankenhauses auf einen Jugendlichen schoß, der in die Brust getroffen zu Boden fiel.

Isma'il Fayez Isma'il Qafish, 28, aus Hebron, Vater eines einjährigen Kindes, wurde durch einen gezielten Kopfschuß aus einer Entfernung von 200 Metern von einem israelischen Grenzschützer getötet. Das geschah, als in Hebron nach dem Massaker Ausgangssperre herrschte. Man brachte ihn ins Makassed-Krankenhaus in Jerusalem, wo er bei seiner Ankunft für tot erklärt wurde. Seine Frau war im dritten Monat schwanger.

Hazem Majed Abdel Sami' Bakri sagte dazu folgendes aus:

Gegen 8.30 Uhr sah ich, wie ein israelischer Journalist, Yoram genannt, nach seinem Fotografen suchte, dann hörte ich Jugendliche »Allahu Akbar« rufen und sah, daß sie Isma'il auf ihren Schultern trugen. Er blutete stark aus einer Kopfwunde. Die Jugendlichen trugen ihn ins Krankenhaus hinein. Daß es sich um Isma'il handelte, hörte ich erst später. Die Soldaten und Grenzschützer setzten ihre Razzia im Krankenhaus und die Verfolgung von Steinewerfern fort. Ich blieb bei dem Journalisten Yoram stehen, den ich kennengelernt hatte, als mein Cousin Bakri starb (am 4. Dezember 1993). Er war mehrmals ins Trauerhaus gekommen, und ich hatte ihn begleitet.

Gegen 9.30 Uhr standen Soldaten auf den Dächern von zwei Häusern, die der Zughayer-Familie gehören. Von dort aus überblickten sie den Krankenhaushof. Inzwischen brachten Jugendliche, die bei der Krankenhausmauer waren, einen weiteren verletzten Jugendlichen, der, wie ich glaubte, Nadr Zadeh war, der dann bei seiner Ankunft im Krankenhaus starb.

Hazem Majed Abdel Sami' Bakri, ein Kaufmann aus Hebron, sagte folgendes aus:

> Gegen 7.30 Uhr stand ich in der Warteschlange (zum Blutspenden) im Hof des Ahli-Krankenhauses und sah, wie Arafat Bayed auf Grenzschützer zuging, die versuchten, von einem Seitenweg des Zughayer-Hauses her das Krankenhaus zu stürmen. Das Haus liegt nur wenige Meter von der Nordseite des Krankenhauses entfernt.
>
> Arafat war im Hof dieses Hauses gewesen und hatte Steine geworfen. Die Soldaten waren etwa 100 Meter von ihm entfernt. Ein Grenzschützer ging in die Hocke, schoß auf ihn, und er stürzte sofort zu Boden. Gemeinsam mit vier Jugendlichen ging ich zu ihm, um ihm beizustehen. Die gleiche Militärpatrouille schoß auch auf eine andere Gruppe Jugendlicher. Wir trugen Arafat zum Krankenhaus. Eine Kugel hatte ihn in die Brust getroffen, und ich denke, daß er sofort tot war.
>
> Während wir Arafats Körper trugen, kam ein Junge angerannt und fing an zu schreien: »Das ist mein Bruder!« Ich wollte ihn beruhigen und sagte zu ihm, er sei ja nur ins Bein getroffen worden.

Durch eine Maueröffnung brachten die Jugendlichen Arafat in den Hof und trugen ihn ins Krankenhaus hinein. Währenddessen fuhren die Soldaten und Grenzschützer fort, auf die im Krankenhaushof Versammelten zu schießen.

Attiyeh Mohammad Aliyeh Salaimeh, 33, aus dem Scheich-Viertel von Hebron, ein Obstverkäufer, Vater von fünf Kindern, wurde von drei Kugeln in Hals, Brust und linke Schulter getroffen, die von Soldaten aus 15 Metern Entfernung in der Nähe der Scheich-Ali-Bakka-Moschee in Hebron auf ihn abgefeuert wurden. Dazu die Zeugenaussage von Jamil Mustafa Mohammad Qawashmeh:

Um 5.45 Uhr wurde meine Familie durch laute »Allahu-Akbar«-Rufe geweckt und weil Lautsprecher dazu aufriefen, Blut für die in der Ibrahimi-Moschee bei dem Massaker Verwundeten zu spenden. Ich lief mit anderen Bewohnern aus dem Viertel die Hauptstraße entlang, in der Absicht, zum Krankenhaus zu gehen und Blut zu spenden. Da sah ich, wie einige Anwohner den Leichnam eines Opfers trugen, um ihn auf dem Friedhof des Scheich-Viertels zu begraben. Er war ein Mitglied der Familie Abu Sneineh.

Ich war Zeuge, wie die Leute des Viertels das Grab aushuben. Doch noch ehe er begraben war, wurde auch der Leichnam eines Jungen der Familie Maraqah gebracht. Ich sah, daß Attiyeh Salaimeh am Begräbnis dieser beiden Opfer teilnahm. Während der Beerdigung traf eine große Armeeinheit (fünf Militärfahrzeuge und 30 Mann zu Fuß) dort ein, und die Soldaten begannen heftig auf die Trauernden auf dem Friedhof zu schießen. Ich sah auch, daß die Leute Steine nach ihnen warfen.

Fünf Minuten später verließen die Soldaten die Friedhofsgegend in Richtung Bab Zawyeh. Dort gingen die Konfrontationen zwischen ihnen und den Bewohnern des Viertels weiter. Wieder sah ich Attiyeh Salaimeh. Leute, die ihn gut kannten, sagten mir, daß er das sei. Er war Bananenverkäufer in diesem Viertel am Tor des alten Gebäudes der Stadtverwaltung. Er stand nun allein auf dem Dach des Hauses von Ahmad Taj Iddin Qawasmeh im Scheich-Viertel.

Die Soldaten kehrten zum Scheich-Viertel zurück und begannen noch einmal auf die Bewohner zu schießen. Dann beobachtete ich, wie ein Soldat in die Hocke ging und mit seinem Gewehr auf Attiyeh zielte. Er war etwa 30 Meter von mir und etwa 20 Meter von Attiyeh entfernt. Er schoß mehrmals, und ich sah Attiyeh fallen. Ich rannte mit anderen Bewohnern hin, um ihm zu helfen. Er konnte nicht mehr sprechen. Das Blut lief ihm aus der Brust und dem Nacken. Gemeinsam mit anderen trug ich ihn zu einem Privatauto, das ihn zum Alia-Krankenhaus in Hebron brachte.

20 Minuten später hörte ich, daß Attiyeh gestorben war.

Ayman Ayyoub Mohammad Qawasmi, 21, ein Arbeiter aus Hebron, wurde von einem israelischen Soldaten aus einer Entfernung von 15 bis 20 Metern durch einen Schuß in die Brust getötet. Das geschah unweit vom Schauplatz der Demonstrationen in Hart al-Scheich, in der Nähe der Ibrahimi-Moschee, um acht Uhr morgens.

Ein Augenzeugenbericht war nicht erhältlich, doch man weiß, daß Bewohner des Viertels Aymans Körper vom Tatort trugen und daß ihn eine Ambulanz zum Ahli-Krankenhaus und von dort ins Makassed-Krankenhaus nach Jerusalem brachte, wo er um zehn Uhr morgens für tot erklärt wurde. Bewohner des Viertels brachten seinen Leichnam vom Makassed zur Beerdigung in die Anata-Nachbarschaft von Jerusalem.

Abdul Rahim Mohammad Salim Asfour Ajlouni, 65, Vater von 21 Kindern aus Jabal Johar in der Nähe von Hebron, starb durch einen Schuß in die Brust. Er stand nur vor seinem Haus, unweit von steinewerfenden Jugendlichen.

Suhail Fahed Asfour Ajlouni, 26, ein Rechtsanwalt aus Jabal Johar, berichtete PHRIC dazu folgendes:

> Am 28. Februar gegen zwei Uhr nachmittags kam es auf der Hauptstraße in Jabal Johar zwischen Jugendlichen und etwa zehn Soldaten, die in der Gegend patrouillierten, zu Zusammenstößen. Ich stand mit zwei Jugendlichen hinter der Mauer, die Abdul Rahims Haus umgibt. Als er das Schießen hörte, kam er aus dem Haus.
>
> Die Soldaten waren etwa 500 Meter vom Haus entfernt, während die Distanz zwischen ihnen und den Jugendlichen auf der anderen Straßenseite 300 Meter betrug. Die Soldaten schossen zunächst Gummikugeln* auf uns ab, ehe wir hinter der Mauer Deckung suchten und noch ehe Abdul Rahim aus dem Haus kam.
>
> Ich sah, wie ein Soldat - derselbe, mit dem ich ein paar Minuten zuvor über die Lage gesprochen hatte, als er am Haus vorbeiging - mit seinem Gewehr auf mich zielte. Er wartete offenbar, daß ich hinter der Mauer hervorkäme.
>
> Abdul Rahim, der herausgekommen war, stand 20 bis 50 Meter von dem Soldaten entfernt. Ich rief ihm zu, der Soldat hätte das Gewehr im Anschlag, er solle ins Haus gehen. Er fragte: »Wo sind sie? Ich werd's ihnen zeigen ...« (seine Worte brachen plötzlich ab), er konnte den Satz nicht mehr beenden. Er fiel in die Brust getroffen, vor der Tür seines Hauses zu Boden.

---

* Auch Gummikugeln können töten, da sie einen Metallkern besitzen.

> Ich wollte ihm zu Hilfe eilen, doch die Soldaten hörten mit dem Schießen nicht auf. Die Zusammenstöße wurden immer gewaltsamer. Schließlich kam ein Privatauto, um ihn ins Mohammad-Ali-Muhtaseb-Krankenhaus zu bringen. Wir legten ihn ins Auto und wollten auf der Hauptstraße fahren, doch Soldaten, die auf das Auto zu schießen begannen, hinderten uns daran. Seine Frau Amira wurde dabei in den Fuß getroffen. Die Karosserie erhielt mehrere Einschüsse. Um ihn ins Krankenhaus zu bringen, mußten wir umkehren und den gefährlichen Feldweg fahren. Doch er starb. Die Ärzte im Krankenhaus bestätigten nur mehr seinen Tod.

Fahmi, Shahin, ein Journalist der Zeitung *Taliah*, den ich im Oktober 1994 in Hebron traf, schilderte mir, was er am 25. Februar 1994 beobachtet hatte:

> Sobald ich von dem Massaker gehört hatte – es war gegen sechs Uhr am Morgen –, ging ich zum Ahli-Krankenhaus. Ich wollte dort Blut spenden, aber auch als Journalist anwesend sein. Ich beobachtete die Zusammenstöße mit der Armee, denn ich blieb nach meiner Blutspende noch etwa drei Stunden dort. Ich sah mit meinen eigenen Augen, wie die Soldaten zielten, in die Menge und auf einzelne Personen, aber auch auf Autos und Ambulanzen schossen. Ich beteiligte mich an den Rettungsmaßnahmen für die Verletzten und beobachtete, wie die Grenzschützer, obwohl nicht die geringste Gefahr für sie bestand, drauflosschossen. Meiner Meinung nach hielten sich aber auch Heckenschützen in dieser Gegend auf.

Nufus Kawasme, eine junge Ärztin, die ich am gleichen Tag in Halhoul traf, berichtete mir:

Mein Mann und ich sind Allgemeinmediziner. Am 25. Februar übernachteten wir in Hebron, ganz in der Nähe der Moschee. Plötzlich hörte ich »Allahu-Akbar«-Rufe und Leute laut schreien, daß ihre Familien in der Moschee ermordet würden. Ich konnte das gar nicht glauben, daher ging ich nach draußen. Da sah ich, wie Leute aus dem Viertel den Leichnam eines Kindes aus der Moschee trugen. Sie begruben es auf einem Friedhof in der Nähe des Hauses.

Wir gingen zum Ahli-Krankenhaus, um beim Notdienst zu helfen. Dort fand ich 15 Verwundete und viele Tote vor. Sie lagen auf dem Boden. Nie zuvor in meinem Leben hatte ich etwas ähnliches gesehen. Ich war völlig erschüttert und fing zu weinen an.

Rings um das Krankenhaus schossen Soldaten, und es gab Tote und Verwundete, die im Hof oder in der Nähe des Krankenhauses getroffen worden waren. Die ganze Zeit über hörte ich schweres Gewehrfeuer. Unter diesen Bedingungen zu arbeiten, war fast nicht möglich. Wir baten die Soldaten aufzuhören, damit wir eine Chance hätten, die Menschen zu retten – aber vergeblich.

Die Politik der Ausgangssperren, der Abriegelung und das Stürmen von überfüllten Plätzen während der Kundgebungen führten zu Zusammenstößen mit den Bewohnern, die ihrem Zorn durch Protestaktionen Luft zu machen suchten.

Im folgenden ein Bericht über das, was in der Region im Zeitraum vom 25. Februar bis zum 10. März 1994 passierte:

Während dieser Zeit wurden 28 Menschen in der Westbank und in Gaza getötet und mehr als 350 verwundet. Die höchste Todesrate in der Region gab es in Hebron, wo neun Palästinenser von israelischen Sicherheitskräften tödlich verletzt wurden. In Nablus wurden sechs Personen getötet und 64 verwundet... Im Gebiet von Jerusalem gab es zwei Tote und 40 Verwundete; in Tulkarm wurde einer getötet und eine unbekannte Zahl von Menschen verwundet; in Bethlehem wurde einer getötet und mehr als 56 verwundet; in Ramallah wurde einer getötet und eine unbekannte Anzahl Personen verwundet; in Jericho gab es einen Toten und reihenweise Verletzte und in Jenin mehr als 18 Verletzte. In Gaza starben zwischen dem 25. Februar und dem 10. März sechs Palästinenser, außerdem noch ein elfjähriges Kind, Imam Karshali, aus dem Schuja'iyeh-Viertel, das am 2. März im Soroka-Krankenhaus seinen Verletzungen vom 2. Februar erlag. Mehr als 150 Personen wurden allein in Gaza verwundet.

Die Demonstrationen beschränkten sich nicht nur auf die besetzten Gebiete. Das Massaker erschütterte alle Palästinenser zutiefst, sei es aus religiösen und politischen oder aus rein menschlichen Gründen. Es kam auch innerhalb von Israel zu Unruhen, und zwar in Jaffa, Nazareth, Taibe, Tira, Kalansua, Ramle, Beer Scheva und in anderen Gegenden. Die *Jerusalem Post* berichtete (am 27. Februar), daß die »wohl größte (Demonstration) in Umm el Fahm stattfand, wo schätzungsweise 10 000 Menschen mit schwarzen Fahnen und Transparenten mit Koranversen durch die Stadt marschierten.*

Am 26. Februar wurde Mohammad Suleiman Abu Dshame aus Rahat in der Nähe Beer Schevas im Negev-Gebiet durch einen Kopfschuß von einem israelischen Polizisten getötet. Mit ihm waren es exakt 29 Tote, genauso viele, wie das Massaker selbst gefordert hatte...

---

* PHRIC-Bericht, a.a.O.

Spurenbeseitigung und Desinformation

Mit dem Vertuschen der Spuren und der Verbreitung von Desinformation wurde sofort nach dem Massaker begonnen.

Indem sie Beweismaterial vernichtete, eine professionelle Untersuchung unterband und massive Desinformation verbreitete, sorgte die israelische Armee dafür, daß niemand, selbst nicht die neu ernannte Untersuchungskommission, die volle Wahrheit erfahren konnte. Die Macht der Armee, Beweise zu vernichten und Geschichten über das Verbrechen selbst zu erfinden, ist in der Tat enorm; insbesondere dann, wenn – wie anzunehmen – der Schabak (der israelische Geheimdienst) dabei half. (Wir sollten uns hier erneut ins Gedächtnis rufen, daß Yitzak Rabin in seiner Eigenschaft als Verteidigungsminister sowie als Premierminister für beide Institutionen verantwortlich ist.)

Mit Unterstützung einer noch nie dagewesenen Koalition, in der sich die angeblich »linke« Meretz* mit der für die endgültige Vertreibung der Palästinenser eintretenden Moledet** zusammentat, hat die israelische Regierung versucht, den Hintergrund des Massakers wie auch das Massaker selbst verzerrt darzustellen. Glücklicherweise ist ihre Kontrolle über die hebräische Presse nicht ganz so massiv wie die Kontrollen, die die Armee in den (besetzten) Gebieten ausübt.*

* Meretz: politisches Bündnis aus drei Parteien (Shinui, Mapam und Bürgerrechtsbewegung). Heute Teil der Regierungskoalition (linksliberal).

** Moledet, wörtlich: Heimat, extrem rechtsgerichtete Partei

Der Journalist Nachum Barnea von *Yediot Achronot* war nach dem Massaker in Hebron. In der Ausgabe vom 27. Februar 1994 schilderte er, daß der Zauberschlüssel zu den besetzten Gebieten die *Kippa* war, die er ab den Mittagsstunden an jenem Tag aufsetzte. (Der Journalist ist nicht religiös. F. L.) Er fügte hinzu: »Das sind die Spielregeln: Mit einer Kippa und einer Waffe kann man, ohne gefragt zu werden, eine Menge Militärsperren passieren. Mit einer Uniform und einer Waffe kann man noch mehr Sperren überwinden. Und mit der Kombination von Kippa, Uniform, Waffe und dem Rang eines Hauptmans kann man alle Sperren passieren, wie am Freitagmorgen der Mörder Dr. Goldstein bewiesen hat.«

Barnea beschreibt, wie an jenem Freitag, dem Tag des Massakers, um drei Uhr nachmittags die Feuerwehr der Stadt Hebron bei der Machpela-Höhle/Ibrahimi-Moschee eintraf. Zwei Araber in blauen Overalls machten sich an die Arbeit und entrollten einen weißen, langen Löschschlauch bis ins Innere des Gebäudes. »An jenem schrecklichen Tag hatte doch tatsächlich jemand daran gedacht, sie zur Erledigung dieser Arbeit zu bestellen. Die Araber spülten das Blut weg (. . .) In den Stunden nach dem Massaker bemühte sich die Armee, die meisten schwerwiegenden Beweise zu beseitigen. Die Behälter mit den Kugeln wurden eingesammelt und weggebracht (. . .) ›Sie werden dort überhaupt nichts finden‹, versprach ihm

---

* Israel Shahak: The Background and Consequences of the Massacre, Shahak's Reports, 11. 9. 1994. – Israel Shahak, Überlebender des Warschauer Ghettos und des KZ Bergen-Belsen, emeritierter Professor für Organische Chemie der Hebräischen Universität, Autor kritischer Berichte und Bücher, Menschenrechtsaktivist.

einer der Offiziere. Barnea fährt fort: »Wir fanden tatsächlich nur den Spurenverlauf des vergossenen Blutes, das die Stufen und den steinernen Platz gegenüber dem Bauwerk der Grabstätte rot gefärbt hatte, die Lachen des geronnenen Blutes auf der Straße und die Trennwand, die man aus dem Gebetsraum herausgerissen hatte, um sie als Tragbahren zu verwenden, und die man danach, blutgetränkt, an die Mauer gelehnt hatte, bis der Wasserschlauch kommen und alles abspülen würde.«

Aber damit nicht genug. Am nächsten Morgen wurde den Soldaten, trotz der Heiligkeit des Sabbats, mit dessen Einhaltung es die Armee sonst sehr genaunimmt, befohlen, den Fußboden des Gebetsraumes und die Wände gründich zu schrubben. Und nachdem auf diese Weise alles »bereinigt« worden war, begann man mit der Untersuchung. Doch die Ermittlung war, wie Professor Shahak schreibt, nicht so, wie sie der Schwere des Verbrechens angemessen gewesen wäre:

> Die »Untersuchung« des Verbrechens wurde nicht von der Ermittlungsabteilung der Militärpolizei durchgeführt, die immer dann, wenn die Armee Schuldige finden will, bei der Aufklärung schwerer Verbrechen bemüht wird, und die für ihre Professionalität bekannt ist. Sie wurde auch nicht von der Militärpolizei selbst vorgenommen, die routinemäßig bei weniger schweren Verbrechen eingesetzt wird. Sie wurde vielmehr von Offizieren durchgeführt, die am Tatort zugegen gewesen waren, und zwar unter der Leitung des Befehlshabers des Zentralkommandos und unter dem Sekretär für Militärfragen Rabins, General Dani Yatom. Von letzterem ist nicht bekannt, daß er eine wie auch immer geartete Erfahrung, Findigkeit oder die Talente eines Detektivs besäße.

Das Fehlen einer ernsthaften Ermittlung dürfte auch auf den Umstand zurückzuführen sein, daß der gegenwärtige Stabschef, Ehud Barak, dafür bekannt ist, professionelle Untersuchungen des Militärs nicht zu mögen, selbst dann nicht, wenn sie von der Ermittlungsabteilung seiner eigenen Armee vorgenommen werden. Diese Aversion teilt er mit seinem Boß, Yitzak Rabin. Die hebräische Presse hat häufig darauf hingeweisen, daß Barak in Fällen, die keine Palästinenser betrafen, Beweise unterdrückte - zum Beispiel bei durch Fahrlässigkeit verursachten Todesfällen von Soldaten oder bei Disziplinarverstößen - und daß er fehlinformierte sowie anderweitig unaufrichtig gewesen sei.

Des öfteren wurde auch von ihm behauptet, er sei ein Karrierist, mische sich in die Politik und führte sowohl die Regierung (sehr wahrscheinlich auf Befehl Rabins) wie auch die Öffentlichkeit an der Nase herum. Meiner Ansicht nach ist er der unaufrichtigste Befehlshaber, den Israel je besaß. Und wenn ich das behaupte, so vergesse ich beileibe nicht Rafael Eitan, der während der Libanon-Invasion Oberbefehlshaber war.*

Das Moscheeareal wurde für die Öffentlichkeit und die Journalisten gesperrt. Was nicht fotografiert wird, ist nicht existent, das haben wir bereits im Golfkrieg gelernt. Die Presse erhielt erst zwei Wochen später Zugang zum Tatort. Nachum Barnea hatte bereits an jenem Freitag, am Tag des Massakers, gesagt bekommen, er würde überhaupt nichts finden können; die Journalisten, die zwei Wochen später kamen, fanden noch weniger. Der Korrespondent Ulrich Sahm, der die Stätte aufsuchte, berichtete am 10. März 1994 im Bonner *General-Anzeiger*, daß

---

* Shahak's Reports, a.a.O.

auf dem Boden noch Wasserschläuche lagen und daß Ram, der Armeesprecher erklärt hatte, damit sei das Blut weggespült worden, die Teppiche seien in die Reinigung gebracht, die Löcher der Kugeleinschüsse repariert und alles längst neu gestrichen worden.

Die Desinformation begann nur wenige Stunden nach dem Massaker:

> Ungefähr drei Stunden nach dem Gemetzel berief General Yatom eine Pressekonferenz ein, auf der er behauptete, daß die Zahl der Toten »zwischen 16 und 20« läge und daß in »den Gebieten relative Ruhe« herrsche. Zu dieser Zeit berichtete selbst der israelische Rundfunk von einer viel höheren Zahl von Opfern, zitierte aber auch, mit dem nötigen Respekt, die Angaben von Yatom. Wie Zeew Tzahor (in *Hotam* vom 4. März) schrieb, »wußten« bereits alle britischen und amerikanischen TV-Kanäle, die er (zum Zeitpunkt der Verlautbarung Yatoms) anhörte, »daß es dort zwischen 40 bis 50 Mordopfer gegeben hatte«. Die Lüge von der »relativen Ruhe« war allzu offensichtlich, um widerlegt werden zu müssen: Jeder wußte bereits davon, daß es überall in den besetzten Gebieten zu Massendemonstrationen gekommen war. Doch das ist noch nicht alles: Die Soldaten, die in Hebron stationiert waren – und von denen manche, wenn auch nur indirekt, etwas über das Verbrechen hätten wissen können –, wurden in ihren Armeebasen eingesperrt, wo sie einer »Befragung durch ihre Kommandanten« unterzogen wurden. Die Presse wagte es nicht (oder es wurde ihr verboten), diese Tatsache zu kommentieren. Einem altehrwürdigen Brauch folgend, »befragte« also die Armee ihre eigenen Soldaten, ohne sich darum zu scheren, arabische Augenzeugen zu vernehmen.
>
> Auf jeden Fall scheinen die »Ermittlungsergebnisse« von

General Yatoms »Untersuchungen« sogar sämtliche Rekorde von Betrug und Desinformation bei Armeeverlautbarungen während der Intifada gebrochen zu haben. Lassen Sie mich nur ein einziges solches »Ermittlungsergebnis« anführen: Am 27. und 28. Februar berichtete die hebräische Presse, arabische Augenzeugen hätten ausgesagt, Soldaten hätten sie bei ihrer Flucht nach dem Blutbad aus der Höhle des Patriarchen von einem Armeeausguck, von einem kleinen Hügel gegenüber der Höhle aus beschossen und einige seien dabei verwundet worden. Am 1. März berichtete dieselbe Zeitung, wie General Yatom diese Tatsache bei einem Regierungstreffen »erklärte«. Er sagte, er hätte die betreffenden Soldaten befragt – Soldaten, »auf die man sich verlassen kann, daß sie mir die Wahrheit sagen, so wie man sich generell auf israelische Soldaten verlassen kann« – und daß ihm diese Soldaten, die er befragt hatte, gesagt hätten, alle Schüsse seien nur in die Luft abgegeben worden. (Der arme General! Offenbar hat er nie den 26 Jahre alten israelischen Witz gehört, demzufolge Palästinenser die Fähigkeit zu besitzen scheinen, in der Luft zu gehen, weil die Soldaten immerzu in die Luft schießen und trotzdem Palästinenser dabei treffen!)

Doch die »Wahrheit«, die General Yatom von seinen Soldaten erfuhr, schien ihm wohl nicht evident genug, um die Minister zu überzeugen, denn er erzählte ihnen außerdem, er persönlich habe die Blutlachen auf dem Weg zwischen der Höhle und dem Armeeausguck untersucht und festgestellt, daß das »geronnene Blut am Boden überzeugend bewies, daß es nur beim Abtransport den Wunden derjenigen entströmt sein konnte, die in der Höhle getroffen worden waren, und nicht von irgendwelchen Wunden herrührte, die durch Schüsse von gegenüber (der Höhle) stammten«.

Die Presse wagte es nicht, danach zu fragen, welche Regeln der Deduktion General Yatom bemühte, als er diese

Schlußfolgerung auf der Grundlage einer Inspektion von getrockneten Blutlachen zog. Es ist auch nicht bekannt, ob irgendein Minister der Regierung dem General in dieser Angelegenheit Fragen stellte.*

Der Tag wird kommen, an dem die geheimen Archive der Armee und des Schin Bet geöffnet werden, und dann wird auch die Wahrheit ans Tageslicht kommen.

Hebron nach dem Massaker: Straßen zur Moschee sind abgeriegelt

* Shahak's Report, a.a.O.

Die Wurzeln des Übels und die Verantwortung für das Massaker

Die führenden Kreise in Israel taten alles, nach innen wie nach außen, um den Eindruck zu vermitteln, es sei unvorhersehbar gewesen, daß ein Siedler aus Kiryat Arba betende Palästinenser in Hebron massakrieren könnte. So sagte zum Beispiel der Ministerpräsident, er hätte sich so etwas in seinen schlimmsten Träumen nicht vorstellen können, oder der Generalstabschef Ehud Barak, das sei wie ein Blitz aus heiterem Himmel gewesen. Man wollte damit den Eindruck erwecken, es handele sich um die Tat eines von seiner Umgebung isolierten Menschen oder von einer Kreatur von einem anderen Planeten.

In *Haaretz* vom 4. März ist der Beschluß der Knesset zitiert, in dem unter anderem gesagt wurde: »Die Knesset äußert ihren Abscheu über die Tat und verurteilt jegliche Identifikation und jegliches Verständnis, die einzelne und Extremisten gegenüber dem Massaker von Hebron zeigten. Die Knesset distanziert sich aber auch davon, eine Verallgemeinerung vorzunehmen, sei es hinsichtlich einer breiten Öffentlichkeit, sei es gegenüber den Siedlern.«

Von der Problematik, daß es sich keineswegs um »einzelne« handelte, die sich identifizierten und Verständnis zeigten, wird noch die Rede sein. An dieser Stelle ist es jedoch wichtig, darauf hinzuweisen, daß der Versuch unternommen wurde, das Verbrechen Goldsteins vom Thema der Siedlungen in den besetzten Gebieten, die im Verantwortungsbereich der Regierung liegen, zu trennen und damit auch die Regierung von ihrer Verantwortung reinzuwaschen.

Der hochbetagte Religionswissenschaftler Professor Jesaja Leibowitz nahm, wie das so seine kritische Art ist, am 2. März 1994 in der Zeitung *Yediot Achronot* kein Blatt vor den Mund: »Damit es jedem klar ist: Wer sich *nicht* weigert, Militärdienst in den besetzten Gebieten zu leisten, ist ein Freund Goldsteins und Kompagnon des Verbrechens. Mit seiner Tat repräsentiert Goldstein das Volk. Er ist der Vertreter des Volkes und der Regierung, und der Schuldige ist Rabin.«

Voller Zorn und ähnlich deutlich sprach Leibowitz Ende März 1994 in der Zeitung *Maariv*, der er zusammen mit Shimon Peres ein Interview gab.

In diesem Kapitel will ich das Thema anhand der vergangenen und gegenwärtigen Lage untersuchen.

Der Mörder kam von seinem Haus in Kiryat Arba zum Ort des Verbrechens, aus einer nahegelegenen Stadt, einer jüdischen Siedlung, die sich »Mutter der Siedlungen« nennt. Sie wurde während der Regierungszeit der Arbeiterpartei mit deren Billigung und Segen in den Jahren 1968 bis 1970 gegründet. Ich war Zeugin der Entstehung von Kiryat Arba, Zeugin dieses Anfang der jüdischen Besiedlung der Westbank.

Der »Vater« dieser Siedlung war der Gründer der Bewegung »Gusch Emunim«*, Rabbiner Mosche Levinger, der später für seine Grausamkeit und Gewalttätigkeit gegenüber den Palästinensern, den Bewohnern Hebrons bekannt wurde. Er erschoß einen von ihnen.

---

* Gusch Emunim, wörtlich: »Block der Gerechten«, rechtsextreme fundamentalistische Gruppierung

Als ich Anfang 1968 zum ersten Mal ins Gefängnis von Hebron kam, bemerkte ich in dem großen Hof eine Frau mit einem kleinen Kind, die keine palästinensische Bewohnerin war, und einige Yeschiva-Studenten*. Neben ihnen lag diverser Hausrat. Auf meine Frage, was sie dort machten, erwiderte einer der Soldaten: »Das sind die Siedler von Hebron. Sie arbeiten nichts, aber sie kriegen garantiert viel Geld.«

Das war meine erste Begegnung mit den Angehörigen der neuen Siedlung in der »Stadt der Väter«. Danach sah ich sie öfter im Saal des dortigen Militärgerichts, wo sie Verhandlungen mitverfolgten. Sie verhehlten ihre Freude nicht, wenn einer der »Eingeborenen« bestraft und in Gefängniszellen untergebracht wurde, nur wenige Schritte von den Räumen ihrer Behausung entfernt.

Ich beobachtete dort einmal ein Schauspiel, das sich tief in mein Gedächtnis einbrannte: Im Gefängnishof waren gedeckte Tische aufgestellt, beladen mit Delikatessen, um die herum die Siedler gruppiert waren. Ich bahnte mir einen Weg vorbei an den fröhlichen Gesichtern, und ein Gefängniswärter erklärte mir, daß sie eine Hochzeit feierten, da seien sie eben glücklich. Die Stimmen der Feiernden drangen durch die Gitterstäbe. Ich konnte mich nur wundern, wie sie hier, zwischen den Gefängnismauern, fröhlich sein konnten, und was die Einwohner Hebrons, eingezwängt in ihren finsteren Zellen, beim Klang der heiteren Lieder wohl fühlen mochten. Ich fragte mich auch, wie die Siedler seelenruhig im Schutz unserer Panzer leben konnten, wenn doch nur

* Yeschiva: religiöse jüdische Hochschule (Anm. d. Ü.)

die militärische Stärke des Regimes der Garant für ihre Existenz vor Ort war. Wie erklärten die jüdischen Kindergärtnerinnen und Lehrerinnen den Kindern diese palästinensischen Nachbarn, die Häftlinge mit den gelblichen Gesichtern, denen ein täglicher Spaziergang von einer viertel Stunde vergönnt war? Und was sagten die Erzieherinnen, wenn sie zusammen mit ihren Schützlingen auf Massen von Frauen und Kindern stießen, die ihre Verwandten besuchten? Wie vermittelten sie den Kindern die Begriffe von Gut und Böse, um sie sicher durchs Leben zu geleiten? Und was für eine Schule konnte das sein, der ein Gefängnishof als Spielplatz diente?

Später wurde für die Siedler Kiryat Arba gebaut, in dem sie sich selbst einsperrten, aus Angst vor den Palästinensern, deren Grund und Boden man enteignet hatte. Aber der pionierhafte Anfang im Hof des Gefängnisses von Hebron wird für immer den Charakter dieser Art von Besiedlung kennzeichnen.*

Besagter Ort wurde zunächst auf 12 000 Dunum Privatgrund errichtet. Das Gebiet hatte sich entvölkert, nachdem man die Weinstöcke herausgerissen und die Häuser zerstört hatte. Kiryat Arba entwickelte sich schnell; heute leben dort 6 000 Einwohner.

Die Siedler begnügten sich nicht damit. 1982 begann man mit weiteren Enteignungen und der Errichtung einer zusätzlichen Siedlung auf dem Boden Hebrons namens »Givat Ha'harsina«, etwa vier Kilometer von Kiryat Arba und nur ein paar Meter von den arabischen Häusern Hebrons entfernt. Zwischen 1991 und 1993

---

* Felicia Langer, Zorn und Hoffnung, S. 102 ff.

wurde »Givat Ha'harsina« zum Zweck der Vereinigung mit Kiryat Arba erweitert, damit am südöstlichen Stadtrand Hebrons ein Block von Siedlungen entstünde.

Ich kämpfte damals gemeinsam mit den Bewohnern Hebrons gegen die Enteignung, ein vielschichtiger juristischer Kampf, der vergeblich blieb. Diese Gegend kannte ich bereits vor dem Auftauchen der Siedler sehr gut, und mir sind auch die damaligen Widerstandsaktionen der Bewohner gegen die Besiedlung in Erinnerung geblieben.

Am 5. Dezember 1993 veröffentlichte PHRIC eine Pressemitteilung, in der gefordert wurde, die Siedler zu bestrafen, die Palästinenser töteten, und sie zu entwaffnen. Geschildert wurde die Ermordung des Palästinensers Talal Bakri durch einen Siedler aus Kiryat Arba, Mendel Kessar, sowie die Verletzung sieben weiterer Palästinenser durch Schüsse. Es wurden die seit zwei Tagen andauernden Unruhen beschrieben, die die Siedler initiiert hatten, wobei die Armee nicht eingriff. In dem Bericht wurden die Provokationen des Rabbi Levinger und der Gruppen bewaffneter Siedler aufgeführt, die die Bewohner der Schalaleh-Straße im Zentrum von Hebron provozierten, indem sie mit Revolvern schossen. Als die Palästinenser sich zu verteidigen versuchten, wurden zwei von ihnen von Siedlern erschossen.

Diese Siedlergruppe erhielt durch weitere 50 Siedler Verstärkung, die auf Rambo-Art permanent schießend durch die Straßen zu ziehen begannen. Es befanden sich zwei Armeefahrzeuge vor Ort, die die Siedler unterstützten. Augenzeugen berichteten, daß drei weitere Einwohner verletzt wurden. Die Armee verhaftete 15 Palästinenser, brachte sie zur Militärverwaltung, und sie sagten danach aus, daß sie dort geschlagen worden seien. Von den Siedlern wurde niemand verhaftet.

PHRIC gab bekannt, daß Rechercheure ihres Menschenrechtszentrums Hunderte Fälle von Terroranschlägen der Siedler gegen die palästinensischen Bewohner während der Amtszeit der Regierung Rabin feststellen mußten. Mindestens 14 Einwohner wurden durch Siedler oder infolge von Zusammenstößen getötet, die von Siedlern verursacht worden waren. Eindringen in palästinensische Häuser, Schießereien, Überfälle am Arbeitsplatz, willkürliche Abriegelungen von Straßen, Steinwürfe auf Autos, versuchter Menschenraub, Prügel, Zerstörung von Eigentum: Das sind charakteristische Akte der Siedler gegen die Palästinenser. Diese Angriffe verstärkten sich nach Abschluß des Grundsatzabkommens vom 13. September 1993 zwischen der PLO und Israel, speziell in Hebron, wo sich die Siedler mitten in der Stadt niedergelassen haben. In dem erwähnten Bericht wurde ferner darauf hingewiesen, daß ein Zustand völliger Gesetzlosigkeit herrsche. Die Siedler machten, was ihnen gerade in den Sinn käme, während die Behörden es unterließen, deren »Freiheit« einzuschränken.

Im Jahr 1993 wurde ein »Solidaritätskomitee Hebron« von einer Gruppe Israelis aus Jerusalem gegründet, die ich während meines dortigen Aufenthalts im Oktober 1994 traf. Die Gruppe führte zwei Monate lang eine Art Fact-Finding-Mission in Hebron durch und rief zu verschiedenen Demonstrationen gegen die wachsende Gewalttätigkeit der Siedler und der mit ihnen verbündeten

Armee auf. In einem Bericht*, der am 29. Dezember 1993 veröffentlicht wurde, heißt es:

> In Reaktion auf die wachsende Siedlergewalt hat eine Gruppe von Aktivisten, die keiner Partei angehören, das »Solidaritätskomitee Hebron« gegründet. Die Gewalt der Siedler ist vor allem in Hebron akut, wo jüdische Siedlungen im Herzen der Stadt errichtet wurden. Seit Unterzeichnung der Prinzipienerklärung haben Siedler in großem Stil systematische Angriffe organisiert, mit willkürlichen Schießereien, Prügeln, Brandstiftung, Steinwürfen und Straßenblockaden. Dies alles geschieht unter der Anleitung der Yesha-(Judäa und Samaria)Führung und in Komplizenschaft mit und manchmal auch in Koordination mit dem Geheimdienst der Armee.
>
> Außer täglichen Angriffen wie Steinwürfen der Siedler auf Autos und wöchentlichen Angriffen auf Personen und deren Eigentum, die sich immer vor und nach dem Sabbat ereignen, sind die Bewohner Hebrons ständigen Quälereien durch die israelische Armee ausgesetzt. Um zum Beispiel den Siedlern den Zugang zur Machpela-Höhle/Ibrahimi-Moschee zu erleichtern, errichtet die israelische Armee an den Samstagen Straßensperren, die die Stadt in zwei Hälften teilen und das palästinensische Geschäftsleben und die Bewegungsfreiheit der Palästinenser auf das stärkste beeinträchtigen. Ein nächtliches Fahrverbot von 19.00 Uhr bis 3.30 Uhr (die einzige Verfügung dieser Art in der ganzen Westbank) verbietet palästinensischen Fahrzeugen, öffentlichen wie privaten, jedwedes Fahren.

Motiviert durch die Aktivitäten und Berichte des »Solidaritätskomitees Hebron«, schrieb der Journalist der Zeitung

---

* In: AIC, a.a.O.

Haaretz, Yosef Elgazi, folgenden Artikel über die immer schlimmer werdende Situation in Hebron:

> In der Tagespresse wird der Ort, an dem dies alles geschieht, *Givat Ha'harsina* genannt. Die arabischen Bewohner von Hebron nennen ihn *Telat a-Dab'e*, Hyänenhügel. Oben auf dem Hügel stehen die aufdringlich neu aussehenden Häuser der Siedler, an den steilabfallenden Hängen sieht man wie Moos auf Steinen ... die alten, armseligen Behausungen der Einheimischen. Nur eine enge Straße trennt sie voneinander. Dem Anschein nach Nachbarn, sind sie aber in Wahrheit durch einen Abgrund von Haß getrennt.
>
> Während der Tumulte, die Siedler in der Nacht des 6. Dezember, unmittelbar nach der Ermordung von zwei Mitgliedern der (israelischen) Familie Lapid, auslösten, wurden zwei der Behausungen in dieser Gegend zerstört: die der Familien von Abed a-Hafez-a-Z'atari, 70, und seiner drei Söhne, Muhammad Kamal, Muhammad Nur a-Din und Taj a-Din.
>
> »Unser Unglück begann in dem Moment, als die Siedler hier herzogen«, berichtet Mohammad Kamal, 33, Vater von drei Kindern. »Bei jeder Gelegenheit, entweder während der systematisch organisierten Tumulte, die sie in der Stadt auslösen, oder einfach nur, weil es ihnen gerade in den Sinn kommt, quälen uns die Siedler! Am Morgen, wenn sie auf dem Weg zur Schule oder zur Arbeit sind, am Abend, wenn sie zu ihren Häusern zurückkehren, und in der Nacht. Nichts hält sie davon ab, nicht einmal der Sabbat, der doch für die Juden ein heiliger Tag ist. Sie hören selbst dann nicht auf, wenn sie auf dem Weg zu den Sabbat- oder Feiertagsgebeten in die Synagoge sind, dort, wo sich – wie die Juden sagen – die doppelte Höhle befindet; ein Ort den wir Muslime al-Haram al-Ibrahimiyeh (Abrahams heiligen

Ort) nennen, nach unserem Vater Ibrahim, der in Frieden ruhen möge.

Seit die Siedler auf den Hügel zogen, haben uns die Behörden verboten, irgendein Gebäude, egal welcher Art, zu errichten. Nicht mal eine Steinmauer um unsere Häuser dürfen wir bauen. Um uns vor Naturkatastrophen und den Katastrophen, die die Siedler auslösen, zu schützen, haben wir parallel zur Straße alte Reifen aufgestapelt.

Die Siedler werfen ständig Steine auf unsere Häuser. Es ist ihnen egal, ob Menschen drinnen sind, alte Leute, schwangere Frauen und kleine Kinder. Im Laufe der Zeit haben sie alle Fenster hier kaputtgeschmissen. Auch die Sonnenkollektoren (für die Warmwasserbereitung auf dem Dach) haben sie zerstört. Wir haben sie mehrere Male repariert, doch dann haben wir es, verzweifelt wie wir waren, aufgegeben. Jetzt sind sie kaputt. Manchmal werfen die Siedler Steine von ihrem Gelände aus, ein andermal scheuen sie sich nicht, ganz nahe heranzukommen und unsere Höfe zu betreten.«

(...) Die Belästigungen durch die Siedler erreichten in der Nacht des 6. Dezember ihren Höhepunkt. »In dieser Nacht versammelten sich Hunderte von Siedlern in der Nähe unserer Häuser. Sie schrien und warfen Steine auf uns. Die Fenster unserer Häuser gingen zu Bruch. Mein jüngster dreijähriger Sohn Mu'ayed, der in unserem Bett schlief, wurde an der Stirn und am Arm durch Glassplitter verletzt«, erzählte uns Mohammad Kamal a-Z'atari letzte Woche. Das Kleinkind mußte zur Behandlung in die Klinik des Roten Kreuzes gebracht werden, und noch einen Monat nach dem Vorfall ist die Narbe an seiner Stirn zu sehen.

A-Z'atari berichtete, daß die Siedler in den Hof kamen, die Wasserleitungen demolierten, Bäume zerstörten, an Türen und Fenster hämmerten und die Autoreifen rund ums Haus anzündeten. Dicker, beißender Rauch stieg vom

Feuer auf, und die elektrischen Leitungen verbrannten völlig (und verursachten bei vielen Geräten einen Kurzschluß). Das Feuer griff auf die Behausung von Taj a-Din a-Z'atari über. Familienmitglieder und Nachbarn eilten herbei, um seine Kinder, um deren Leben sie fürchteten, aus dem Haus zu bringen. Noch heute kann man die Brandspuren draußen am Haus und an den Innenwänden sehen.

»(...) Es dauerte lange, bis es uns gelang, den kleinen Mu'ayed zur Ersten Hilfe in die Klinik zu bringen«, sagte uns die 25jährige Muna a-Z'atari, die Frau von Kamal. »Alle Kinder wurden aus dem Schlaf gerissen durch die Steine, die aufs Haus prasselten, durch das splitternde Fensterglas und die Gewehrsalven. Sie schlotterten vor Angst, weinten und schrien. Wir alle suchten Schutz in einem kleinen Gang, um vor herumfliegenden Glassplittern sicher zu sein. Alle meine Versuche, die Kinder zu beruhigen, waren zwecklos. So ging das fast die ganze Nicht hindurch.«

Muhammad a-Z'atari nutzte eine der Unterbrechungen der ausgedehnten Ausgangssperre, die über die palästinensischen Bewohner verhängt worden war, um sich bei der Zivilverwaltung und der Polizei zu beschweren. In seinem Besitz sind Kopien von einem Beschwerdebrief, den er am 15. Dezember dem Leiter der Zivilverwaltung überreicht hatte, ferner von einer Beschwerde, die Mitglieder seiner Familie am 18. Dezember über die Kammer für Handel, Industrie und Landwirtschaft in der Stadt an den Stadtrat von Hebron und den Polizeikommandanten Hebrons weiterleiten ließ, sowie die Kopie einer polizeilichen Beschwerde vom 26. Dezember, unterzeichnet vom Polizeisergeanten Major Siman-Tov mit der Kennummer 28192--3.

Auf der Zivilverwaltung trafen sie einen Offizier in Armeeuniform an, der den palästinensischen Bewohnern als »Captain Ahab« bekannt ist. »Nachdem er uns angehört hatte, schickte er uns zur Polizei zurück«, berichtete a-Z'atari. »Der Polizist, der mit uns die Brandstelle besichtigte, schrieb aber keinen Bericht. Als ich ihn darum bat, doch einen Bericht zu schreiben, sagte er zu mir: ›Ich entscheide, was zu tun ist, und nicht du. Denn das ist meine Sache und nicht deine.‹ Vor zwei Wochen, als ich um Schutz vor den Angriffen der Siedler bat, schickte mich die Zivilverwaltung zur Polizeibehörde, wie schon bei früheren Anlässen. Die Polizei sagte mir aber, daß die Armee (das heißt die Zivilverwaltung) zuständig sei. An wen soll ich mich nun wenden?«

Auf unsere Anfrage bei der Zivilverwaltung antwortete das Büro ihres Sprechers folgendes: »Wir haben von der Beschwerde al-Z'ataris gehört. Kurz nach dem Vorfall suchte der Leiter der Zivilverwaltung die Örtlichkeit auf. Die Zivilverwaltung machte die Armee auf den Vorfall aufmerksam. Die Armee antwortete, sie sei ausreichend vorbereitet.« Der Sprecher der Bezirkspolizei von Hebron gab uns folgende Auskunft: »Die Polizei hat die Beschwerde überprüft, doch die Beschwerdeführer sind nicht in der Lage, jene, von denen sie behaupten, sie hätten sie angegriffen, zu identifizieren. Zum Zeitpunkt des Vorfalls wurde niemand verhaftet. Die anwesenden Soldaten waren auch nicht in der Lage, jene, die in den Vorfall verwickelt waren, zu identifizieren. Die Polizei setzt ihre Untersuchung fort, indem sie nach Hinweisen auf Verdächtige sucht.«

Kehren wir zur Entstehungszeit der Siedlung Kiryat Arba zurück und zu den »Aktivitäten« der Siedler bei der Machpela-Höhle/Ibrahimi-Moschee, die ein Zeuge, der es wissen muß, nämlich der ehemalige Militärkommandant des Bezirks Hebron von 1968 bis 1970, Oberst der Reserve Ofer Ben David, unter dem Titel »26 Jahre Fanatismus« in *Haaretz* vom 18. November 1994 wie folgt schilderte:

Im April 1968 marschierten die Siedler von Hebron los, Fahnen schwenkend, mit Waffen auf den Schultern und zionistischen Liedern auf den Lippen, und verwandelten das Grab Abrahams (in der Ibrahimi-Moschee) in eine Synagoge. Mit jenem Tag begann ein langer, harter, manchmal würdeloser und brutaler Feldzug, die muslimischen Füße hinauszudrängen – und letztlich auch das gesamte Volk Israel. Jeden Sabbat und Feiertag wurden Gebete abgehalten, die zu den normalen Öffnungszeiten (der Moschee) angesetzt wurden. Man unternahm einen erfolglosen Versuch, heimlich eine weitere Thorarolle hineinzubringen. Allmählich wurden die Gebetszeiten länger. Der Gebetsbereich wurde um das Grab Jakobs und Leas erweitert und danach um den Hof, über den ein Schattendach gespannt wurde. Man begann, in der Nacht zu Schavuot, am Abend des Yom Kippur und den ganzen Yom Kippur hindurch zu beten. Immer wieder wurde versucht, die Gebete in der gesamten Moschee zu sprechen, zum Beispiel am Grab Isaaks. Man versuchte, innerhalb des abgegrenzten Bereichs eine Beschneidung und Hochzeiten abzuhalten.

Kein Wunder, daß die jüdische Ausbreitung die Muslime verdrängte, die Reibungen verstärkte, und einer bedrängte schließlich den anderen, nur um zu drangsalieren. Man brachte Wein in die Moschee, wohl wissend, daß Wein im Islam verboten ist. Die Geschichte vom Ausstreuen von Reißnägeln ist so alt wie die Besiedlung. Und alles begann 1968. Je mehr die Siedler an Boden gewannen – auf Kosten der Muslime –, desto stärker wuchsen die Spannung und die Pöbeleien zwischen beiden Seiten. In diesem modernen Sodom findet sich kein einziger Gerechter: Denn noch nie zuvor wurde der Sabbat so viele Male im Namen der jüdischen Religion entweiht. Die Machtergreifung über die Machpela-Höhle war der oberste Wert, dem der Sabbat untergeordnet wurde. Abgesehen von dem Disput, ob es geziemend und erlaubt wäre, eine Synagoge am Patriarchengrab (in der Ibrahimi-Moschee) zu errichten (mir sind die Skrupel des sephardischen Oberrabbiners Yitzhak Nissim in Erinnerung, wie man die Höhle zu betreten habe, und ich erinnere mich an vorangehende Erkundungsgänge mit seinen Abgesandten gemeinsam mit mir, um einen Eingang in den abgegrenzten Bereich ausfindig zu machen, der nicht mit einem Verstoß verbunden wäre), lohnt es sich, darauf hinzuweisen, daß es genügend Synagogen in Kiryat Arba und im jüdischen Viertel in Hebron gibt und auch damals schon gab, um alle Betenden gleichzeitig bequem aufzunehmen. Es gab eine ansehnliche religiöse Alternative, fast vom ersten Tag der Besiedlung an.

Das Gebet am Sabbat in der Machpela-Höhle (Ibrahimi-Moschee) hat nichts mit Gebet und Religion zu tun, sondern ausschließlich mit Fanatismus in ihrem Namen.

Die Machtlosigkeit der Polizei gegenüber den Siedlern habe ich jahrelang erlebt. Ich möchte in diesem Zusammenhang die für unser Thema äußerst wichtige Tatsache erwähnen, daß sich im Jahr 1979 Israelis (zu Beginn waren es nur Frauen) mit Erlaubnis der Frau des Rabbi Levinger in dem Gebäudekomplex »Beit Hadassa«, das die Araber »Dabboya« nennen, mit der Behauptung einquartierten, es sei einmal in jüdischem Besitz gewesen.* Begins Regierung erlaubte den Siedlern in »Beit Hadassa« zu bleiben, und gab ihre Zustimmung dazu, daß in Hebron erneut ein jüdisches Viertel gebaut wurde. Die Siedler begannen einen Feldzug, um die Häuser, die vor

* Beit Hadassa – Dabboya – diente zur Zeit der Türken als Polizeistation und Gefängnis. Zur britischen Mandatszeit diente ein Teil des Gebäudes, das in ihrem Besitz war, als Klinik für die jüdische Gemeinde.

1929 – das Jahr des Massakers an den Juden in Hebron – Juden gehört hatten, wiederzubekommen.*

Damit der Leser sich ein Bild davon machen kann, wie nach und nach die jüdischen Siedlungen in Hebron und Umgebung zunahmen oder erweitert wurden, hier eine Zusammenstellung von PHRIC:

> Beit Haggai: Diese Siedlung wurde 1984 südlich der Stadt Hebron errichtet, nur einen Steinwurf von den arabischen Häusern entfernt. Von 1992 bis 1993 dokumentierte PHRIC, wie dort Boden eingeebnet, weitere Bauten errichtet, und des Nachts mobile Häuser zur Siedlung gebracht wurden. Einem Bericht über Siedlungen von »Frieden Jetzt« zufolge wohnen in Beit Haggai mindestens 200 Siedler.
>
> Tel Rumeida: 1984 gestattete der damalige israelische Verteidigungsminister Moshe Ahrens die Errichtung der Siedlung Ramat Yishai über muslimischen Gräbern inmitten der Stadt Hebron. Die Siedlung liegt auf einem Hügel und überblickt sowohl die Stadt Hebron als auch die Schuhada(Märtyrer)-Straße, die nach dem Massaker in der Ibrahimi-Moschee von den Militärbehörden für Palästinenser gesperrt wurde. Augenzeugen berichteten den Rechercheuren von PHRIC, daß am 20. März 1994 zwei Siedlerfamilien nach Tel Rumeida zogen. Sechs bis acht (jüdische) Familien leben inzwischen in dieser Siedlung, die aus mehreren Caravans besteht. Palästinensische Bewohner in dieser Gegend sind weiterhin den Angriffen von Siedlern und Soldaten ausgestzt.
>
> »Jüdisches Viertel«: 1985 wurde ein großer Wohnkomplex als zentrale Niederlassung für Siedler gebaut, mit Ausblick auf den Gemüsemarkt von Hebron. Seit dem Massa-

* Bei dem Massaker im Jahr 1929 wurden in Hebron 59 Juden getötet und 60 verletzt. Viele Einwohner Hebrons kamen den Juden damals zu Hilfe.

ker in der Ibrahimi-Moschee wurde die Zufahrt zum Gemüsemarkt durch Militärposten und T-förmige Betonblöcke für Palästinenser geschlossen. Die Betonblöcke teilen die Hauptstraße in zwei Hälften, eine für die Siedler, die andere für palästinensische Fußgänger.

Usama-Bin-Munkez-Vorschule: 1982 wurde die Usama-Bin-Munkez-Schule (Beit Romano) durch die Armee konfisziert. 1983 wurde sie von Siedlern übernommen. Im August 1991 begannen israelische Soldaten und Siedler auf diesem Gelände unterirdische Tunnels in Richtung Ibrahimi-Moschee und hin zu den (jüdischen) Siedlungen in der Altstadt zu graben.

Givat Ha'avot: Nach der Madrider Friedenskonferenz vom Oktober 1991 erweiterten militante Siedler aus Kiryat Arba ihre Siedlung, indem sie auf der anderen Seite der Grenzschutzzentrale Häuser südöstlich der Stadt, in der Nähe zur Hauptsiedlung, und dicht bei den palästinensischen Behausungen bauten. Die Siedlung Givat Ha'avot oder »Berg der Vorväter« war zweiter Wohnsitz von Baruch Goldstein.

Der Schuhada-Straße ist die Hauptstraße Hebrons, die den Westen mit dem Süden der Stadt verbindet. An ihr liegt der zentrale Geschäftsbereich; auch der Gemüsemarkt der Stadt befindet sich dort. Israelische Siedler streifen regelmäßig durch diese Gegend und haben in dieser Straße Häuser beschlagnahmt. Nach dem Massaker in der Ibrahimi-Moschee wurde ein 800 Meter langer Abschnitt der Schuhada-Straße für palästinensische Autos gesperrt, die jetzt auf eine drei Kilometer lange Ausweichroute umgeleitet werden. Wann immer Ambulanzen auf dieser Straße fahren, werden sie an Straßensperren der Armee durchsucht. Anwohner dürfen diese Straße nur dann benutzen, wenn die Militärposten an beiden Enden das gestatten. Dort, wo die Straße in den Gemüsemarkt mündet, ist sie durch

Betonblöcke in getrennte Hälften für Siedler und Palästinenser geteilt.

Darüber hinaus wurden 28 Plätze und Zugänge, unter anderem zu Märkten und einer Moschee, von der Armee zugunsten der etwa 400 israelischen Siedler gesperrt, was den arabischen Einwohnern Hebrons (zirka 80 000) unvorstellbares Leid zufügte und, wie ich bei meinem Besuch 1994 sehen konnte, weiterhin zufügt, da ihre Geschäfte und ihr Lebensunterhalt gravierend geschädigt wurden.

Doch kehren wir zum Anfang der Beschlagnahme von »Beit Hadassa« inmitten von Hebron zurück. Sofort mit ihrem Eindringen in das Gebäude begannen die Attacken seitens der Siedler, Rabbi Levinger an ihrer Spitze, gegen ihre arabischen Nachbarn. Am 26. März 1981 reichte ich einen Antrag beim Obersten Gericht gegen den Verteidigungsminister und den Bezirkskommandanten ein, im Namen des Bürgermeisters von Hebron, Abed al-Nabi Natsche, der dieses Amt auch zum gegenwärtigen Zeitpunkt bekleidet sowie im Namen der palästinensischen Geschädigten. Ich forderte, die Siedler aus »Beit Hadassa« räumen zu lassen, die Klagen der Bewohner gegen sie zu untersuchen und diejenigen, die für die Verstöße gegen die Antragsteller verantwortlich waren, vor Gericht zu stellen.

Es waren verschiedene Klagepunkte, die ich in meinem Antrag im Jahr 1981 aufführte, aber sie sind, vergleicht man die damalige Situation mit der heutigen, charakteristisch geblieben. Die Siedler brachen bei einem der Beschwerdeführer, Dandis, durch die Decke seines

Ladens, der sich im Untergeschoß des Gebäudes »Beit Hadassa« befand. Als Dandis mit der Reparatur begann, wurde er von Rabbiner Levinger schwer verprügelt. Es lagen auch Beschwerden vor, daß Steine auf die Bewohner geworfen, die Fensterscheiben von Häusern und Läden zerschmettert wurden.

Für die Zerstörung von Dandis' Ladendecke gab es eine interessante Erklärung: Sie brach aufgrund des übermäßigen Gewichts der Siedler durch, die in »Beit Hadassa« Freudentänze zu Ehren Purims aufführten. Welch eine Koinzidenz der Ereignisse. Schon im Jahr 1981 feierten die Siedler Purim mit schlimmen Auswirkungen, und im Jahr 1994 wurde diese Feier mit einem Massaker gekrönt.

Dieser Antrag damals führte, wie die meisten meiner eingereichten Anträge, zu keinem glücklichen Ende. Die rechtsprechende Instanz wollte schon zu dieser Zeit keinen Beitrag zum Frieden leisten und die unterdrückten Palästinenser nicht schützen. Das Gericht stellte fest, daß sich die Siedler (trotz des eklatanten Widerspruchs zum Völkerrecht, wie ich ausgeführt hatte) aufgrund des Entscheids der Regierung dort rechtmäßig aufhielten.

Einem Aspekt meines damaligen Antrags hatte die Untersuchungskommission des Massakers von Hebron, die Schamgar-Kommission*, 1994 breiten Raum gewidmet: daß nämlich das Gesetz in den besetzten Gebieten gegenüber den Siedlern nicht geltend gemacht wurde. Ich hatte nachgewiesen, daß die Polizei die Beschwerden der arabischen Einwohner gegen die Siedler generell nicht

---

* Siehe S. 140 ff.

untersuchte. Dieser Aspekt meines Antrags hatte Aufsehen erregt. 1994 wurde er im Bericht der Schamgar-Kommission zitiert, aber ohne meine Schlußfolgerung zu erwähnen, daß ich bereits zu dieser Zeit gefordert hatte, die Siedler aus Hebron räumen zu lassen.

Das Oberste Gericht folgte 1981 jedoch wenigstens in einem Punkt den damaligen Klägern, indem es festhielt, es sei die Pflicht der Polizei, den Beschwerden der Antragsteller und der arabischen Bevölkerung generell nachzugehen. Sie habe dies auch in eigener Initiative ohne eingereichte Klagen zu tun. Trotzdem änderte sich nichts auf diesem Gebiet.

Während der Intifada war ich mit Fällen der von Siedlern getöteten Palästinenser befaßt, und ich erlebte die nachsichtige Haltung, die manchmal an eine Unterstützung der Siedler seitens des ganzen Apparats grenzte, angefangen bei der Polizei bis hin zu den Gerichten. Und was jene jüdisch-terroristische Untergrundorganisation anging, die 1984 entdeckt wurde und seit 1980 aktiv war, so lag ihre Wiege unter anderem auch in Kiryat Arba. Ihre Mitglieder veranstalteten ein Massaker im kleinen an der Islamischen Hochschule in Hebron, das nicht durch ihre Schuld begrenzt blieb – wobei sie drei Personen töteten und 33 verletzten. Sie planten, mit Sprengstoffanschlägen die Moscheen in Ostjerusalem in die Luft zu jagen. Sie attackierten unter anderem auch arabische Bürgermeister, versteckten Bomben in ihren Autos, wodurch zwei der Bürgermeister sehr schwer verletzt wurden. Ein Sprengstoffexperte der Polizei erblindete in El-Bireh, als er eine der Bomben entschärfen wollte. Unter den Attentätern waren Offiziere der Armee und

Sprengstoffexperten. Letztere, die des Mordes für schuldig befunden wurden, wurden nach sieben Jahren Haft zu Bedingungen, die einem Hotelaufenthalt glichen, im Jahr 1991 wieder auf freien Fuß gesetzt, nachdem sie, wie andere aus ihrer Gruppe, von Staatspräsident Chaim Herzog begnadigt worden waren. Keiner von ihnen bedauerte seine Taten.

Ein Musterbeispiel dafür ist Ira Rappaport, gebürtig in Brooklyn (New York), der zusammen mit zwei anderen das Attentat auf den ehemaligen Bürgermeister von Nablus, Bassam Schaka, verübte, bei dem dieser seine Beine verlor. Rappaport wurde gefragt, ob er das Attentat und seine Folgen nicht bedauere, und er erwiderte, daß er und seine Gefährten überhaupt keine Reuegefühle hegten. Zur Bekräftigung seiner Worte wies er darauf hin, daß sie das Attentat auf den Bürgermeister von Nablus mit vielen bedeutenden Rabbinern erörtert hätten, und diese hätten gesagt, es sei rechtens, ihn zu töten. Der Mann verbüßte nur 15 von 30 Monaten Gefängnis, zu denen man ihn verurteilt hatte, und wurde 1988 an Pessach wegen guter Führung und aufgrund der Begnadigung von Präsident Herzog entlassen.

Die Beantwortung der Frage, wer damals diese Leute waren, ist auch für die Beurteilung des Verbrechens in Hebron wichtig. Es waren Menschen, die in die israelische Gesellschaft eingebunden waren, keine seltsamen oder gestörten Kreaturen.

In einer Erklärung, die der Führer der jüdischen Untergrundbewegung, Menachem Livni, im Mai 1984 bei seiner Verhaftung schrieb, verweist er auf die Unterstützung durch »einige Rabbis aus Kiryat Arba«. Der jüdische

Untergrund sollte zum Zweck der Abschreckung »eine Sabotageaktion durchführen«, die »den Arabern massive Verluste zufügt«. Die in Livnis Schriftstück erwähnten Personen sind die Rabbis Lior, Waldman, Levinger und Yo'ezer Ariel, der Bruder von Israel Ariel*. Erst nachdem sie die Zustimmung der Rabbis für die Mordtat erhalten hatten, wagten es die Mitglieder des »Jüdischen Untergrunds«, die Bürgermeister arabischer Städte zu ermorden. Die erwähnten Rabbis wurden (durch den Schabak) verhört und kamen (auf Anweisung des damaligen Premierministers Peres) unbeschadet davon.

Solche Leute wurden also vom Präsidenten, der aus der Arbeiterpartei kam, begnadigt. Die Botschaft war klar: Das Leben eines Arabers zählt wenig, und die Regierungen, inklusive der jetzigen, brauchen allesamt die Siedler. Die gegenwärtige Regierung hat sich verpflichtet, keinen palästinensischen Staat zuzulassen, und die Siedler leisten tatkräftige Hilfe, damit diese Verpflichtung erfüllt werden kann.

Die Siedler werden von der Armee bewaffnet, gut und vielfältig ausgerüstet. Sie sind vom israelischen Militärkomplex in den besetzten Gebieten nicht zu trennen.

Armee, Geheimdienst (Schin Bet)** und Siedler dieses eisernen Dreiecks, lernte ich bei meiner Anwaltstätigkeit für die Palästinenser in den besetzten Gebieten kennen. Im Laufe der Zeit kamen immer mehr Leute in Militärverwaltung und Justiz in der Westbank und im Gazastreifen aus dem Kreis der Siedler. Vor allem im Justizsystem

* Siehe Seite 107 f. und 121

** Schin Bet oder Schabak = Geheimdienst; Mossad = die Bezeichnung für den israelischen Auslandsgeheimdienst bekam ich zu spüren, mit welch glühendem Haß die militärischen Ankläger, aus den Reihen der Siedler, gegen die palästinensischen Angeklagten bei Gericht auftraten.

Unter der Überschrift »Verdächtige sind stolz auf jüdische Terroraktion« schrieb der Reporter Robert Rosenberg auf der Titelseite der *Jerusalem Post* am 4. Mai 1984:

> Die der geheimen jüdischen Terrorverschwörung Verdächtigten brüsteten sich vor ihren Verhörern, als sie verschiedene, ihnen angelastete Verbrechen rekonstruierten... Mindestens zwei von ihnen sagten zu ihren Verhörern, daß der Anschlag auf die Islamische Universität von Hebron ein Fehlschlag gewesen sei, weil dabei nur vier Personen getötet wurden (drei starben sofort, einer später).

Wer sind diese Leute, fragte damals der Herausgeber der *Jerusalem Post* am 30. April 1984 in seiner Zeitung:

> Die in Siedlungen der Westbank, auf dem Golan und in Israel zu Recht verhafteten Personen gehörten zum Kern der israelischen Gesellschaft. Unter ihnen sind Offiziere und Reserveoffiziere der Armee, ein Ingenieur, ein Verwandter des Rabbi Moshe Levinger, des Gründervaters der (Bewegung) »Rückkehr der Juden nach Hebron«, ferner einige seiner engen Verbündeten aus den frühen Tagen der Siedlungsgründungen in der Westbank.
>
> Das sind Leute, die für ihre Tapferkeit ausgezeichnet wurden, Leute, die in verschiedenen Siedlerorganisationen aktiv sind, so zum Beispiel im »Komitee für die Erneuerung Jüdischen Siedelns in der Stadt der Patriarchen*«.

* So nennen die Siedler Hebron.

Es handelt sich um eine Gruppe, die als Israels neue Pioniere gelobt wurden, Pioniere, die opferbereit für ihre Ideologie kämpfen. Aber gerade wegen dieser besonderen Ideologie sind sie und ihre Schutzherrn in der Regierung gescheitert.

Offenbar verbindet doch alle die extreme Bibelgläubigkeit ihres religiösen Nationalismus. Eine Regierung, die sich auf die gleichen Grundlagen stützt, die sich nur in der Intensität, mit der sie dieselben Ziele verfolgt, von den religiösen Fanatikern unterscheidet, kann sich nicht aus der Verantwortung stehlen, zugelassen zu haben, daß dieser Untergrund heranreifte.

In einer Studie des Alternativen Informationszentrums mit dem Titel »Mitschuldige am Verbrechen. – Das abgekartete Spiel der israelischen Regierung und die Siedlergewalt in Hebron« lesen wir folgendes:

Wie seine Vorgänger auch traf Rabin verschiedene Maßnahmen, die die Position der Siedler stärkten. Seit Beginn der Intifada erließ er zum Beispiel einige Direktiven, die den Schußwaffengebrauch der Soldaten erleichtern (siehe *Westbank-Handbuch*, S. 12). Da die Siedler einen paramilitärischen Status einnehmen, gelten diese Anordnungen implizit auch für sie. Rabins Politik der »Eisernen Faust« und die Eskalation der Brutalität der Armee wurde von den Siedlern ganz allgemein als Vollmacht verstanden, auch ihre Gewalt zu intensivieren; dies taten sie denn auch straffrei. Darüber hinaus gelten manche Militärerlasse Rabins auch explizit für die Siedler. So erließ Rabin zum Beispiel im März 1988 eine Anordnung, die es Soldaten *und Siedlern* erlaubt, auf jeden Palästinenser, der Molotowcocktails oder »andere verdächtige Objekte« wirft, scharf zu schießen (siehe *Colonial Pursuits*, S. 14).

Im Januar 1989 ergänzte Rabin diese Anordnung, um es den Truppen zu ermöglichen, vor und nach Zwischenfällen mit scharfer Munition zu schießen sowie auf jeden, der hinter einer Straßensperre steht oder Reifen verbrennt. Diese Verfügung gestattet es Soldaten *wie Siedlern*, fast in jeder Situation Todesschüsse auf Palästinenser abzugeben.

Seit 1968 haben die israelischen Regierungen zunehmend mehr die Gewaltanwendung durch Siedler gebilligt und des öfteren dem politischen Druck seitens der Siedler nachgegeben. So wurde zum Beispiel Rabins Militärerlaß vom Januar 1989 nach vorausgehenden Verhandlungen zwischen der Regierung und den Hungerstreikenden der »Gusch Emunim« verfügt, nachdem diese Druck gemacht und ein härteres Vorgehen der Regierung gegen die Intifada gefordert hatten. Auf allgemeinerer Ebene haben die israelischen Regierungen mit ihrer Auslegung, die Siedlergewalt sei ungerichtet und dezentral, es stets vermieden, einschneidende Maßnahmen zu treffen, um sie in Schach zu halten. Die Vereinbarungen von Oslo und Kairo zeigen deutlich, daß die Siedlungen ein integraler Bestandteil des israelischen Plans sind, die Kontrolle über die besetzten Gebiete zu behalten. Während der Verhandlungen hat Rabin aus der Gewalt der Siedler Kapital geschlagen, um der PLO noch mehr Konzessionen abzupressen.

Die Gewaltanwendung der Siedler ist daher nur eine Form der staatlichen Repression; sie flankiert das, was seit Jahren zur Gewohnheit wurde: die militärische Abriegelung der besetzten Gebiete, die Jagd auf »gesuchte« Aktivisten, die Ausgangssperren, die Schließung von Schulen und die fortdauernden Verhaftungen palästinensischer Frauen, Kinder und Männer jeden Alters, die Zerstörung ihrer Häuser und die Deportationen.

Der harte Kern der Siedlerbewegung, »Gusch Emunim«, »Kach« und andere Gruppen, deren prozentualen Anteil an der Gesamtbewegung man nicht genau kennt, weist eine spezielle national-religiöse Ideologie auf. Sie behaupten unter anderem: Nur wir haben das Recht auf das Land, das uns, und nur uns allein, von Gott gegeben wurde. Sie glauben, daß der Boden des Landes Israels heiliger ist als ein Menschenleben, und daß dieser Boden von den Gojim (Nichtjuden) befreit werden muß.

Professor Jesaja Leibowitz zitierte Grillparzers Worte über den Weg, der von der Menschlichkeit fortführt: »Es führt ein Weg von der Humanität über die Nationalität in die Bestialität.«

»Das deutsche Volk«, sagte Leibowitz weiterhin, »ging diesen Weg bis zum Ende, und wir haben diesen Weg 1967 angetreten.«

Dieser Weg ist mit einem gefährlichen jüdisch-orthodoxen Gesetz gepolstert, das man kennen muß, um es bekämpfen zu können. Professor Israel Shahak schrieb zu diesem Thema am 8. April 1994 in der Zeitung *Davar* eine eindrucksvolle Erläuterung, die ich hier wiedergeben möchte:

> Nach der Aufdeckung der Mordanschläge des »Jüdischen Untergrunds« wurde kein Versuch gemacht, die halachischen* Wurzeln dieser Taten zu begreifen. Meiner Ansicht nach ist das der Hauptgrund dafür, daß der Mörder Goldstein seinen Plan ausführen und die Sympathie und das Verständnis so weiter Kreise gewinnen konnte. Ich hoffe, daß jenem Teil der Öffentlichkeit, der nicht wünscht, daß wir in

* Halacha: Gesetzesteil des Talmuds (Anm. d.Ü.)

Zustände wie im khomeinistischen Iran geraten, die einmalige Erfahrung im Ignorieren grundlegender Probleme genügt, und daß er den abscheulichen Mord zur Klärung der ideologischen Wurzeln nutzen wird.

Beginnen wir mit der Tatsache, daß es einem Juden gemäß der Halacha generell verboten ist, einen Goj (Nichtjuden) vom Tode zu erretten, und diese Regel gilt auch für einen jüdischen Arzt – sofern er die Halacha praktiziert. Und so stellt der Rambam* fest: »Aber Nichtjuden, die mit uns keinen Krieg führen, und Viehhirten und ähnliche, denen hebt man nicht den Tod auf, und es ist verboten, sie zu retten, wenn sie sich in Todesgefahr befinden. Zum Beispiel, wenn man einen von ihnen sah, der ins Meer fiel, dann holt ihn nicht hinauf, denn es heißt: ›Man steht nicht untätig bei dem Blut des Nächsten, das heißt, das ist nicht sein Nächster.‹« (Halacha vom Mörder und Seelenschutz, 4.11.)

An einer Stelle ergänzt Rambam dieses Gesetz: »Hieraus lernst du, daß es verboten ist, Nichtjuden selbst gegen Bezahlung zu heilen, wenn man sich vor einem fürchtet oder man der Feindschaft verdächtig wird, dann heilt man gegen Bezahlung, umsonst ist es aber verboten.« (Halacha vom Götzendienst, 10,2.)

Rabbiner in der Zeit nach Rambam erlaubten dem Arzt, Nichtjuden gratis zu behandeln, aber nur im Fall von großer Feindschaft, großer Befürchtung einer solchen oder aber um ärztliche Erfahrung zu sammeln, neue Behandlungsmethoden auszuprobieren und so weiter, aber nicht um den Goj einfach nur zu retten. Wenn ein religiöser Jude Goldstein daran gehindert hätte, Nichtjuden zu töten, hätte er sich gemäß der Halacha nur von der Frage leiten lassen, ob dieses Töten »zum Guten der Juden« oder zum »Guten der

---

* Rambam: Maimonides (Rabbi Mosche Ben Maimon), bedeutendster jüdischer Philosoph und Kodifikator des Mittelalters (12. Jhd.) (Anm. d.Ü.)

jüdischen Siedlungen« sei, so wie wir es tatsächlich von gewissen religiösen Wortführern hören.

Die Grundregel, daß das Leben eines Nichtjuden nach Dafürhalten der Halacha keinerlei Wert besitzt, sieht man noch deutlicher bei einem in aller Ausführlichkeit behandelten Thema in der Halacha, nämlich dem Problem der Entweihung des Sabbats im Fall der Behandlung eines kranken Goj. Handelt es sich um einen Juden, dann gilt das Gesetz von der »Errettung aus Lebensgefahr«, das das Sabbatgesetz aufhebt. Der Halacha (und Kabbala) zufolge haben aber die Nichtjuden keine Seele, und daher entscheidet die Halacha, daß ein Jude, inklusive ein jüdischer Arzt, den Sabbat nicht entweihen soll, um einen Goj zu retten oder zu behandeln, außer es geht um die oben genannte »Errettung aus Lebensgefahr« oder um befürchtete »Feindschaft«, das heißt um die Befürchtung einer Gefahr für Juden.

...»Kessef mischne«, das Hauptkommentarwerk zum Rambam von Josef Karo, dem Verfasser des »Schulchan aruch«*, legt fest, daß »in der Zeit des Krieges« die talmudische Regel gilt, »den Guten unter den Gojim töte« (auf diese Art durch die »Ergänzungen« erklärt). In unseren Tagen bezieht man sich auch in den Institutionen der Mafadal** allen Ernstes auf diese Rechtsprechung. Das dokumentiert ein Briefwechsel, der 1974 in *Niv hamidraschia*, dem Organ der bekannten *Midraschiat noam* veröffentlicht wurde (Band 11, 1972, S. 29–31). Der Fragesteller, »der Soldat Mosche«, berichtet von »Diskussionen, die bei uns (...) geführt werden, ob es erlaubt ist, unbewaffnete Menschen zu töten, zum Beispiel Kinder und Frauen? Oder gilt für die

* Wörtlich: »Der gedeckte Tisch« – Kompendium für den praktischen religiösen Gebrauch (Anm. d.Ü.)

** Religiös-nationale Partei

Araber im Prinzip das Gesetz Amaleks* – das heißt, daß es erlaubt ist, sie zu ermorden und ihr Andenken zu tilgen? Oder (soll man) – wie man es in jedem normalen Krieg macht – nur die Soldaten töten?« Die Antwort seines Rabbiners, Simon Weizer, die eine lange halachische Abhandlung enthält, lautet: Es sei zwar verboten, daß ein Jude einen Nichtjuden in Friedenszeiten tötet, wenn er das dennoch tut, dann ist er »vom menschlichen Gesetz befreit«, das heißt, nicht zu bestrafen, »er wird vielmehr vom Himmel gerichtet werden« ...

Kein Zweifel, das sind die religiösen Gesetze, denen die meisten Nationalreligiösen in der Praxis und alle Orthodoxen theoretisch folgen, und hierauf gründet ihr Standpunkt, den sie zum Töten von Arabern durch einen Juden einnehmen, so wie das im Fall des »Jüdischen Untergrunds« geschah. Es besteht auch kein Zweifel daran, daß diese Gesetze nicht nur die gesamte religiöse Öffentlichkeit beeinflussen, sondern auch jene säkularen Kreise, die sich nicht gänzlich von der Religion befreit haben, speziell in ihrem Verhältnis zu den Nichtjuden.**

In *Davar* vom 27. Februar 1994 verweist auch Daniel Ben Simon unter dem Titel »Kahane Chai« auf die Brisanz des religiösen Erlösungsfanatismus:

Bei der Vernehmung eines der Mitglieder des »Jüdischen Untergrunds« waren die Verhörer des Schabak verblüfft über die satanische Idee, die dem Plan zugrundelag, die Moscheen auf dem Tempelberg in die Luft zu sprengen. »Die Zerstörung dieser Moscheen«, so erklärte der Mann,

---

* Amalek (biblisch): Erzfeind des Volkes Israel (Anm. d.Ü.)

** Siehe auch: J. Shahak, Jewish History, Jewish Religion, The Weight of Three Thousand Years, Pluto Press, London 1994, S. 77–79

»hätte Abermillionen Muslime in Wut versetzt. Ihr Zorn hätte sehr wahrscheinlich einen Krieg ausgelöst, der zu einem Weltkrieg eskaliert wäre. Solch ein Krieg würde mit seiner enorm hohen Todesrate den Erlösungsprozeß der Juden und des Landes Israel vorantreiben. Denn zu diesem Zeitpunkt wären dann alle Muslime verschwunden und somit alles bereit für die Ankunft des Messias.« Zweifelsohne hat der abstoßende kahanistische Massenmörder (Goldstein) ähnlich »großartige« Gedanken in seinem Kopf gewälzt, bis er sie schließlich in die Tat umsetzte.

Man muß kein Prophet oder Mitglied des Geheimdienstes sein, um zu begreifen, welch ein Gefahrenpotential von den Anhängern solch einer Lehre ausgeht, sobald sich ihr Glaube mit den vielen und mörderischen Waffen verbindet, die in ihrem Besitz sind, und wenn ihr Glaube in einer Atmosphäre von Nachsicht, wohlwollendem Verständnis und manchmal sogar mit direkter Unterstützung durch die Armee praktiziert wird.

Doch der Bodenraub in den besetzten Gebieten durch Israel als Besatzungsmacht und die jüdische Besiedlung stehen im Widerspruch zum Völkerrecht, wie das völlig unmißverständlich in der Haager Konvention von 1907 und der Vierten Genfer Konvention von 1949 formuliert wurde. Immer wieder haben gerade hierauf verschiedene UN-Resolutionen hingeweisen, die Israel aber ignorierte.

Daß sich die Palästinenser mit dieser Beschlagnahme ihres Landes nicht abfinden würden war vorauszusehen. Wer das bei uns begriffen hatte, warnte schon von Anfang an vor einem Blutvergießen, warnte, daß die Beraubten das nicht hinnehmen würden, daß die Enteigner und Siedler deren und ihr eigenes Leben gefährdeten.

In der Tat wurde viel Blut in den besetzten Gebieten vergossen, auch das von Frauen und Kindern und auch das der Siedler: Jeder Tote ist einer zuviel.

Doch das Blutvergießen wäre vermeidbar gewesen. Denn als man die Besiedlung zuließ, sie begünstigte und tatenlos zusah, wie die Siedler Palästinenser angriffen, brachte man damit auch das Leben der Siedler in Gefahr und tut dies weiterhin. Die israelischen Regierungen, auch die jetzige, sind verantwortlich für den Teufelskreis von Blut und Haß, der keine Grenzen kennt und dem nur der Abzug der Siedler ein Ende setzen kann.

An Hinweisen, daß etwas Schreckliches bevorstand, mangelte es nicht: »Keiner soll überrascht sein, wenn eines Tages jemand in ein arabisches Dorf einfällt und 30 bis 40 Leute niedermäht, dann wird man endlich gezwungen sein, die Rechnung mit uns zu machen«, sagte Zvi Katzover, der Bürgermeister von Kiryat Arba (zitiert in *Haaretz* vom 8. November 1993). Die Siedler behaupteten, daß die Armee nicht hart genug gegen die Palästinenser vorgehe, und darauf bezog sich Katzovers Äußerung.

Kurz darauf wurden drei Palästinenser in der Gegend von Hebron durch Schüsse aus einem fahrenden Auto heraus ermordet. In den Nachrichten wurde damals gesagt, dies sei ein Racheakt für den Mord an zwei Siedlern aus Kiryat Arba durch Palästinenser.

Die muslimischen Gläubigen beklagten sich seit vielen Jahren über die ununterbrochenen Übergriffe seitens der Siedler und Soldaten. Ihre letzte schriftliche Beschwerde wurde ausgerechnet gegen Baruch Goldstein erhoben, der seit langem für seinen Araberhaß bekannt war. Sie wurde vom Vorsitzenden des Waqf bei Ministerpräsident Yitzhak Rabin eingereicht und lautete:

Betrifft: Die Ibrahimi-Moschee

Eine Gruppe jüdischer Siedler griff am Freitagabend, dem 8. Oktober 1993, sechs Wächter der Ibrahimi-Moschee und einen 64jährigen Gläubigen an. Als zum Abendgebet gerufen wurde, attackierte Baruch (Goldstein) den *Muezzin* und unterbrach den Gebetsaufruf. Ferner schüttete er am 14. Oktober 1993 brennbare Flüssigkeiten auf den Teppich der Moschee. Nur der Aufmerksamkeit von Wächtern und Gläubigen ist es zu verdanken, daß es zu keiner Katastrophe kam.

Diese sich täglich wiederholenden Gewalttaten in der Ibrahimi-Moschee können nicht ignoriert werden.

Bedauerlicherweise haben wir bislang nicht erlebt, daß die israelischen Behörden eine Entscheidung gegen diese Aktionen der feindlichen Siedler getroffen hätten.

Wir hoffen, daß man uns nie dazu zwingen wird, andere als muslimische Gebete in der Ibrahimi-Moschee zuzulassen. Wir hoffen, daß die Behörden diesen aufrührerischen, feindlichen Aktionen gegen die freie Gebetsausübung und das Verfügungsrecht der Muslime über ihre Moschee ein Ende bereiten werden.

Das Oberhaupt des Islamischen Waqf und das Oberhaupt des Hohen Islamischen Rates/Jerusalem

Geschrieben am 16. Oktober 1993

Es war nicht das erste Mal, daß der Name Goldstein den Behörden gemeldet wurde. Shlomo Abramowitz schrieb am 28. Februar 1994 in der Zeitung *Yediot Achronot*:

»Der Tag wird kommen, an dem ein Jude es den Arabern heimzahlen wird«, sagte der Hebron-Mörder Dr. Baruch

Goldstein bereits 1990, anläßlich der Purim-Feiern bei den Gebeten in der Höhle.

David B., ein ehemaliger Geheimdienstmann, hörte diese Worte. Man hatte ihn bei »Kach«-Aktivisten in Jerusalem und Kiryat Arba eingeschleust. Der Agent, der dem Schabak schon im Alter von 16 Jahren beigetreten war, sagte, er hätte während seiner Dienstzeit mehrere Pläne von »Kach«-Mitgliedern in Kiryat Arba über die Tötung von Arabern in Erfahrung gebracht und seine Vorgesetzten davon in Kenntnis gesetzt, auch, daß diese Pläne in Moscheen durchgeführt werden sollten.

»Sie sprachen häufig darüber, Araber in Moscheen zu töten, zum Beispiel in der Höhle der Patriarchen (Machpela-Höhle/Ibrahimi-Moschee), in Halhoul und im Dorf Sa'ir, wo, wie sie behaupteten, die meisten Bewohner die Hamas unterstützen.«

Um noch einmal auf die Beschwerde des Hohen Islamischen Rats zurückzukommen: Man muß sich einmal vorstellen, es würde eine Synagoge, die seit Jahrhunderten in Gebrauch ist, durch vandalistische und religionsverhöhnende Akte einer anderen Glaubensgemeinschaft terrorisiert und von Regierungsseite erfolgte keinerlei Reaktion darauf.

Daß keine Reaktion erfolgte, ist ein ganz normales Verhalten, nach dem Motto: Sollen sie sich doch beschweren, diese Araber, schließlich sind wir ein demokratisches Land.

Wenn es schon aus Verachtung gegenüber den Klägern keine Reaktion gab (und auf diese Verachtung stieß ich jahrelang, und niemand kann das je aus meiner Erinnerung tilgen), so hätte solch eine Beschwerde wenigstens ein Warnlicht aufleuchten lassen müssen, über die Gefahr, die von Menschen wie Goldstein drohte. Denn alle Geschehnisse hatten etwas von der Schrift an der Wand an sich, und alle Behauptungen nach der Tat, sie wäre wie ein Blitz aus heiterem Himmel gekommen, sind reine Heuchelei und Verstellung.

Es ist natürlich bequemer, von einem einzelnen Verrückten zu sprechen, um so mehr, nachdem er nicht mehr am Leben ist, oder von einem Verbrechen zu reden, wie es Rabin und Präsident Ezer Weizman taten, ein Verbrechen, das allem widerspräche, was jüdisch und israelisch sei. Wer die von mir angeführten Zitate der jüdischen Halacha liest, gewinnt den Eindruck, der Ministerpräsident und der Präsident wissen nicht so recht, wovon sie sprechen – oder vielleicht wissen sie es ganz genau und üben sich in wissentlicher Täuschung.

In diesem Zusammenhang sind die Bemerkungen des Rabbiners David Hartman interessant, der vom Israel-Korrespondenten der US-amerikanischen *Jewish Week* zitiert wurde:

> Ich denke, wenn wir dies alles als etwas uns Fremdes, als eine Art Unfall betrachten, dann müssen wir uns nie wirklich über uns selbst klar werden. Das ist kein Unfall. Es ist eindeutig etwas, das in diesem Land (Israel) gedeiht. Etwas, das aus unserer Tradition erwächst...
>
> Es besteht gar kein Zweifel daran, daß es so manches in der jüdischen Religion gibt, was zu solch einem rassistischen Verständnis anleiten kann. Aber es gibt auch viel Schönes in ihr (der Religion), vieles, was voller Kraft ist, und zutiefst Geistiges...

> Was Goldstein tat, gemahnt mich daran, wie gefährlich es ist, das Reden über Amalek* unwidersprochen zu lassen. Goldstein hat an mich die Herausforderung gestellt, zu erkennen, welche Art von Verbrechen man gegen die Menschlichkeit und die Moral unter dem Vorwand begehen kann, es gäbe nur einen Wert, der alles andere ausschließt, nämlich das Land (Israel), und daß die Souveränität über das ganze Land der Endzweck sei . . . Das ist keineswegs nur verrücktes Beiwerk. Das ist ein kranker Bestandteil, der das jüdische Selbstverständnis zu infiltrieren vermag.**

Wer in Zukunft Blutvergießen vermeiden möchte, muß die Wurzeln dieses letzten Massakers verstehen, damit es das letzte bleibt. Der Versuch der israelischen Regierung, die Verantwortung abzuschütteln, wird nichts nützen, sie wird erbarmungslos für alle Zeit auf ihr lasten. Selbst wenn momentan nicht davon gesprochen werden soll, da es für den »Friedensprozeß«, den ich nur in Anführungszeichen setzen kann, angeblich opportuner ist, zu schweigen, muß klar gesagt werden: Es kann kein Friede ohne Gerechtigkeit den Opfern gegenüber zustandekommen, und es wird keine wahre Versöhnung ohne die Bestrafung der Verbrecher geben.

---

* Erzfeind Israels (biblisch)

** Zit. in: Washington Report on the Middle East Affairs, Juli/August 1994

Wer war Baruch Goldstein?

Wer war dieser Mann, der die muslimischen Gläubigen, darunter auch Kinder, in der Machpela-Höhle/Ibrahimi-Moschee niedermetzelte, der das Massaker bis ins letzte Detail geplant hatte, ob allein oder mit jemand anderem zusammen, das werden wir wohl nie erfahren. War er ein Fremder in der Siedlergemeinschaft, aus der er kam, oder ein integraler Bestandteil davon? Fügte er sich in die Armee ein, in der er es bis zum Rang eines Hauptmanns brachte? War er tatsächlich seelisch gestört, wie Rabin behauptete? Was veranlaßte ihn zu seiner verbrecherischen Tat?

Im Bericht der Schamgar-Kommission, die zur Aufklärung des Verbrechens beauftragt worden war, steht auf Seite 76 über die Person Goldstein folgendes:

> (1) Dr. Baruch Benjamin ben Israel Goldstein (...) wurde am 9. Dezember 1956 in den Vereinigten Staaten geboren; er war verheiratet und Vater von vier Kindern; seine Wohnadresse: Kiryat Arba (...); Rang in der Reserve: Hauptmann. Seine letzte Einheit: Grenzschutzeinheit, in der er als Arzt diente. Er schloß sein Medizinstudium in den Vereinigten Staaten ab und immigrierte ein Jahr nach Beendigung seines Studiums (1982) nach Israel. Nach seiner Einwanderung wurde er im Rahmen der Mobilisierung eingewanderter Ärzte zum regulären Militärdienst eingezogen – für drei Jahre als Arzt im Libanon, in Jerusalem und Hebron. In der Beurteilung über seinen Militärdienst wird er als »disziplinierter Offizier von effektiver Funktionserfül-

lung, verantwortungsbewußt und seinen Dienst in bester Weise ausführend« geschildert.

(2) Nach seiner Entlassung aus dem regulären Militärdienst arbeitete er als praktischer Arzt der Nationalen Krankenkasse in Kiryat Arba sowie in einem medizinischen Zentrum. Er war in einem Team, das in der Gegend des Bergs Hebron eine mobile Einheit zur Intensivbehandlung unterhielt, die dem zivilen (jüdischen – F. L.) wie dem militärischen Sektor diente. Aufgrund seiner Erfahrung entwickelte er sich zum Spezialisten für die Behandlung von Traumapatienten. In seinem zivilen Arbeitsbereich hielt man ihn für einen gewissenhaften Arzt, der in der Öffentlichkeit sehr beliebt war und folglich sogar einen Preis der Nationalen Krankenkasse gewann.

(3) Er war ein Mann mit extrem rechten politischen Anschauungen. Er war Funktionär der Liga von Meir Kahane und setzte seine Aktivität in diesem Rahmen auch nach seiner Einwanderung in Israel fort. (...)

Gegen Goldstein wurden in der Vergangenheit polizeiliche Ermittlungen eingeleitet in Angelegenheiten, die sich im Rahmen von Ordnungsstörungen mit politischem Hintergrund bewegten: Verfahren (...) der Polizeistation Hebron, laut dem ihm ein Verstoß wegen Schädigung der Tauglichkeit eines Soldaten (...) zur Last gelegt wurde, vom Beklagten am 29. Juni 1984 begangen. Dieses Verfahren wurde am 21. Dezember 1987 wegen »Ermangelung öffentlichen Interesses« eingestellt. Über das besagte Verfahren liegen uns keine Einzelheiten vor.

Das zweite Verfahren (...) der Polizeistation Hebron befaßte sich mit der Behinderung eines Soldaten bei der Dienstausübung am 2. Juli 1990, dergestalt, daß Goldstein einen Generalsbefehl zerriß, der allen Nicht-Muslimen den Zutritt zur Machpela-Höhle verbot, ausgestellt vom Militärkommandanten während eines muslimischen Festes. Dieses Verfahren wurde von der Polizei am 13. Mai 1992 eingestellt, wegen »Ermangelung öffentlichen Interesses«.

Das dritte Verfahren (...) der Polizeistation Hebron behandelte den Verdacht, einen Schrank mit Koranbänden im Grabraum Isaaks umgeworfen zu haben, eine Tat, die laut Beklagtem am 12. April 1991 begangen wurde, infolge gravierender Schädigung religiöser Gebrauchsgegenstände von Juden am Tag zuvor. Dieses Verfahren wurde aufgrund mangelnder Beweise am 10. Juni 1991 eingestellt.

Wie aus den Zeitungsberichten im Jahr 1984 hervorging, weigerte er sich zur Zeit seines regulären Militärdienstes im Libanon, einen verletzten Terroristen zu behandeln.

Ich werde Goldsteins Portrait unter Heranziehung anderer Quellen, die weniger zurückhaltend sind als die Schamgar-Kommission, abrunden. Doch schon an dieser Stelle möchte ich meine – gelinde gesagt – Verwunderung ausdrücken, wie tolerant die Kommission es hinnahm, daß Goldstein nach seinen Angriffen auf israelische Soldaten straffrei ausging. Daß seine vandalistischen Akte in der Ibrahimi-Moschee keine Bestrafung nach sich zogen, das steht auf einem anderen Blatt. Doch dazu später.

Über den Charakter der Siedlung Kiryat Arba und Goldsteins Zugehörigkeit zu ihr schreibt Daniel Ben Simon in seinem Artikel »Kahane Chai« vom 27. Februar 1994, aus dem ich in einem anderen Zusammenhang bereits zitierte:

Wenn man vom Massenmörder in Hebron spricht, so muß als erstes gesagt werden, daß (sein Wohnsitz) Kiryat Arba ein Produkt der (israelischen) Arbeiterpartei ist. In einer Zeit, als sich die Arbeiterpartei bereits von der Macht entfernte, wurde die Siedlungsidee von einem ihrer historischen Führer, von Yigal Allon, konzipiert. Menachem Begin und seine Verbündeten haben Allons Idee nur den letzten Schliff gegeben, als sie Kiryat Arba zu einer großen Stadt ausbauten, die bald zu einem Magnet für Fanatiker aller Art wurde, allen voran für die Anhänger von Meir Kahane. Was ihr politisches Profil angeht, so kann man durchaus behaupten, daß Kiryat Arba zur Zwillingsstadt von einem Teil von Brooklyn, New York, wurde, wo jüdische Rabauken ihren Hauptsitz aufgeschlagen haben. Die amerikanischen Kahanisten wanderten allmählich in Israel ein, und manche änderten, als sie dort ankamen, ihre Namen in passende, biblisch klingende neue Namen. Doch die meisten von ihnen behielten – neben ihrem israelischen – den amerikanischen Paß, um notfalls auf »Nummer Sicher« zu gehen.

Der Charakter von Kiryat Arba offenbarte sich am besten an dem Tag (es war vor etwa drei Jahren), an dem seine Bewohner in Massen nach Jerusalem strömten, um Kahanes Begräbnis beizuwohnen. Sie vermittelten den Eindruck, als seien Tausende Waisen zusammengekommen, um ihrem geliebten Vater Lebewohl zu sagen. Ein ausländischer Journalist, den ich damals zufällig begleitete, war unangenehm berührt, wie sehr sie in Aussehen und Benehmen denjenigen ähnelten, die Khomeinis Sarg in Teheran gefolgt waren. Kiryat Arbas Kahanisten, die hysterisch ihre Slogans in einem schlechten Hebräisch mit amerikanischem Akzent brüllten, hatten dasselbe fanatische Gebaren.

Ich erinnere mich auch, daß dort französische Journalisten einen soeben aus Frankreich eingetroffenen Kahanisten fragten, warum er denn einer Partei von Ignoranten beigetreten sei. Er antwortete: »Wir sind doch nicht alle Ignoranten! Es gibt gebildete Leute unter uns, auch Doktoren. Sehen Sie dort den Mann mit den Tränen in den Augen? Er ist zum Beispiel ein Doktor. Er heißt Dr. Goldstein. Und er bewundert Kahane über alles.«

Wir schauten alle auf den Doktor, der eine große weiße Kippa auf dem Kopf trug und leise betend direkt neben dem Grabmal stand. Doch dann brüllte er auf einmal mit unvorstellbarer Lautstärke: »Tod den Arabern!« Alle haßerfüllten Fanatiker, die um ihn herumstanden, schrien nun echoartig wie Chorknaben: »Tod den Arabern!« Am letzten Freitag hat Goldstein nichts anderes getan, als seine Gebete in die Tat umzusetzen.

Nadav Schragai schrieb in *Haaretz* vom 27. Februar 1994 unter anderem:

Trotz seiner extremen politischen Ansichten war Dr. Goldstein bei der Mehrheit der Siedler des Ortes akzeptiert und beliebt (...) Seine Bekannten behaupten, daß der Terroranschlag, bei dem Mordechai und Schalom Lapid, die er gut kannte, getötet wurden (von Palästinensern - F. L.), in seiner Seele einen Bruch verursacht hatte. (...) »Während des Offizierslehrgangs hat er ganz offen darüber geredet, daß man alle Araber töten muß«, erzählt Dr. Amnon Landau, der im selben Jahrgang wie Dr. Goldstein im Offizierskurs für Militärärzte war, »schon im Offizierskurs begeisterte sich Goldstein für extremistische Ansichten. Er sprach sich gegen die Demokratie und gegen die Rechtsstaatlichkeit aus. Ihm zufolge hätte der Staat durch die Herrschaft der Thora regiert werden müssen.«

Dr. Landau, der heute als Arzt der Allgemeinen Krankenkasse in Givat Schmuel arbeitet, sagte ferner, während des Kurses hätten sich viele der Teilnehmer gefragt, ob solch ein Mensch überhaupt als Offizier Dienst tun und ob man ihm erlaubten sollte, eine Waffe zu tragen.

Doch die Kommission kam nur auf die Weigerung Goldsteins, »einen verwundeten Terroristen zu behandeln«, zu sprechen. Woher wußte denn die Kommission, daß es sich um einen »Terroristen« handelte? In der Presse stand lediglich: »Ein verwundeter Araber«.

Etwas Wichtiges, das die Kommission überhaupt nicht erwähnte, ist, daß sich Goldstein auch weigerte, israelische drusische Soldaten zu behandeln. Die Beschreibung, wie Goldstein seinen Beruf als Arzt verstand, ist im Bericht der Kommission lückenhaft.

In der Zeitung *Davar* vom 13. September 1994 erfahren wir zu dieser Frage sehr viel mehr:

> Dr. Baruch Goldstein, der Ausführende des Massakers in der Machpela-Höhle, weigerte sich in der Vergangenheit mehrmals, arabische Verwundete zu behandeln, es war jedoch in allen Fällen ein anderer Arzt zur Stelle, sie zu behandeln.
>
> Dieser Dr. Goldstein als Arzt, gleichzeitig jedoch als extremer Ideologe der Lehre Kahanes, weigerte sich im Verlauf seines Militärdienstes im Libanon-Krieg, kurze Zeit nachdem er in Israel eingewandert war, einen Araber zu behandeln, der im Libanon verwundet worden war, und zwar in dem Abschnitt, in dem sich Goldsteins Einheit befand. Der Verwundete wurde einem anderen Arzt zur Behandlung überstellt, aber drei drusische Soldaten aus der gleichen Einheit wandten sich an ihren Vorgesetzten und verlangten, den Arzt auszutauschen, denn sie befürchteten, er würde auch ihnen die Behandlung verweigern, wenn sie verwundet wären. Die Beschwerde wurde an den Hauptoffiziersarzt weitergeleitet, und Goldstein wurde zu einer anderen Einheit versetzt, blieb jedoch im Militärdienst und diente sogar weiterhin in der Reserve.
>
> Nach einigen Jahren wurde er zum Zentralkommando des Bezirksregiments Hebron versetzt und vor etwa zwei

Jahren zum Reservedienst einberufen. Er setzte seine Vorgesetzten davon in Kenntnis, daß es infolge seines Glaubens schwierig für ihn sei, arabische Kranke und Verwundete zu behandeln, und bat um eine Versetzung aus Hebron. Seiner Bitte wurde entsprochen, und er wurde an einen Ort im Südlibanon versetzt. (...)

Einer der Kollegen Dr. Goldsteins in der Klinik in Kiryat Arba, in der er dann als praktischer Arzt arbeitete, erzählte, daß dieser bei einem Verkehrsunfall, bei dem Araber verletzt worden waren, sie zwar behandelte, doch nur solange bis ein anderer Arzt eintraf, dann hörte er auf. »Das war sein Kompromiß zwischen seinem ärztlichen Eid und seiner Ideologie«, sagte sein Kollege.

In *Yediot Achronot* vom 1. März 1994 zitierte der Militärkorrespondent der Zeitung, Arye Kisel, Baruch Goldsteins Worte gegenüber dem Obersten Militärrabbiner Gad Navon wie folgt:

»Ich bin als Arzt nicht bereit, jemanden zu behandeln, der kein Jude ist. Ich erkenne nur den Rambam und Kahane an.« Das sagte Dr. Baruch Goldstein zum Obersten Militärrabbiner der Armee, General Gad Navon, im Jahr 1984. Trotzdem diente er weiterhin als Militärarzt.

Im Winter 1984 wurde Goldstein, damals Arzt in einer Artillerieeinheit, die im Libanon stationiert war, ins Büro des Obersten Militärrabbiners gerufen.

»Man hat mir gesagt, Sie seien nicht bereit, die drusischen Soldaten in unserer Armee zu behandeln«, sagte General Navon.

»Stimmt«, erwiderte Goldstein.

Gad Navon sagte daraufhin: »Sie sind verpflichtet, jeden Menschen zu behandeln – auch wenn er ein Araber ist, ein

Kriegsgefangener oder sogar ein Terrorist. Das ist mein halachisches Urteil, dem Sie verpflichtet sind. Übrigens – Sie haben einen ärztlichen Eid abgelegt, und Sie sind ihm verpflichtet.« Doch Goldstein weigerte sich.

Aufgrund seiner Weigerung wurde Dr. Goldstein damals in eine Panzereinheit überstellt, wo er noch einen auf zwei Monate verkürzten regulären Dienst tat.

Bei der Armee sagten sie gestern, daß sich Goldstein weder als Psychopath noch als Mensch mit psychischen Problemen offenbart hatte und daß zu einer niedrigeren Einstufung keine Veranlassung bestanden hätte.

Professor Israel Shahak verwies noch einmal auf den religiösen Hintergrund für Goldsteins Verhalten:

> In der Tat gibt die Halacha die Weisung, sich genau so verhalten: Besteht das Risiko, daß die Weigerung eines frommen jüdischen Arztes, Nichtjuden zu behandeln, den Behörden gemeldet werden könnte, dann darf er sie behandeln, doch nur, um sich selbst und anderen Juden irgendwelche Unannehmlichkeiten zu ersparen. Es gibt gute Gründe, anzunehmen, daß immer dann, wenn fromme Ärzte – und Goldstein war solch ein frommer Arzt – durch die Umstände dazu gezwungen worden sind, Araber zu »behandeln«, sie diese in der Tat nicht zu heilen versuchten. Selbst wenn sie den Tod ihrer Patienten nicht ausdrücklich herbeiwünschten, so unternahmen sie doch nichts Wirksames, um ihren Zustand zu verbessern.

In einem Presseüberblick gibt Professor Israel Shahak auch einige Hinweise über Goldsteins Schutz, den er offensichtlich in der Armee genoß:

Den wohl vollständigsten Bericht über Goldsteins Beziehungen zur israelischen Armee und zum gesamten israelischen politischen Establishment lieferte Amin Oren am 4. März 1994 in der Zeitung *Davar*. Oren zufolge hat Goldstein die erwähnte Erklärung* abgegeben, als er im Libanon Dienst tat. Sie wurde Yitzak Rabin, dem damaligen Verteidigungsminister, zur Kenntnis gebracht sowie auch dem damaligen Stabschef, dem Reservegeneral Moshe Levy, der heute eines der fünf Mitglieder der Untersuchungskommission ist. Das war zur Zeit der 84er Wahlen und der darauf folgenden Regierungsbildung »Nationale Einheit«, wobei das Verteidigungsressort an Rabin überging. (Oren enthüllte in seinem Artikel ganz nebenbei, daß Moshe Levy, als er zum Stabschef ernannt wurde, den transferlüsternen Rehavam Ze'evi zu seinem »Berater für Araber-Fragen« machte.) »Als Goldsteins Weigerung bekannt wurde, wollten ihn sowohl das Artilleriekorps als auch das Sanitätskorps vors Kriegsgericht bringen, um es der Armee zu ermöglichen, ihn loszuwerden. Weil Goldstein seinen Abschluß nur bei einem Lehrgang für Medizinaloffiziere gemacht hatte, dachten sie, daß dies ohne weiteres möglich wäre.« Das heißt aber, daß Goldstein keine Offiziersausbildung durchlaufen hatte, die gewöhnlich für die Zulassung zum Lehrgang für Medizinaloffiziere Voraussetzung ist. »Die beiden Korps wußten auch davon, daß sich Goldstein schon während seines Armeekurses für Medizinaloffiziere als anti-arabischer Extremist zu erkennen gegeben hatte.« Anderen Korrespondenten zufolge hatten einige Kollegen in diesem Kurs gefordert, ihn aus dem Kurs zu entfernen, doch diese Forderung wurde niedergeschlagen. Oren meint, daß Goldstein »schon damals von einigen hochgestellten Personen in ranghohen Ministerien geschützt

---

* 1984 gegenüber General Gad Navon, daß er keine Araber behandle.

wurde«, deren Identität herauszufinden die Schamgar-Untersuchungskommission gut beraten wäre.*

In einem Interview, das am 27. Februar 1994 in *Yediot Achronot* veröffentlicht wurde, hatte Goldstein dem Journalisten Tom Rosenberg folgendes gesagt:

> »Wir belügen uns, wenn wir meinen, wir könnten mit den Arabern Seite an Seite leben. Das ist unmöglich. Sie machen uns krank. Die Araber sind wie eine Epidemie. Sie sind die Krankheitserreger, die uns infizieren.«
>
> Als er gefragt wurde, ob seine Ansichten nicht im Widerspruch zu seinem Beruf als Arzt stünden, sagte Goldstein: »Aber wieso denn? Es gibt eine Zeit, in der geheilt, und eine Zeit, in der getötet wird.«

Hier weigerte sich also ein Militärarzt, Verwundete zu behandeln, weil sie, obwohl Soldaten wie er, keine Juden waren, und all das trotz des ärztlichen Eids und im Widerspruch zu den Militärgesetzen. Dennoch dachte keiner daran, ihn vor Gericht zu stellen und aus der Armee zu entlassen. Im Gegenteil: In den zitierten Gutachten über seinen Militärdienst wird er als disziplinierter Offizier beschrieben, der effektiv funktionierte, verantwortungsbewußt war und seiner Aufgabe »außerordentlich gut nachkam«.

Die Schamgar-Kommission ihrerseits äußerte keinerlei Vorbehalte und Verwunderung darüber, warum der

---

* In *Ma'ariv* vom 8. März 1994 wurde denn auch berichtet, daß Goldsteins Leistungen beim Militärdienst so bedeutsam erschienen, daß man geplant hatte, ihn vom Rang eines Hauptmanns zum Major zu befördern, und zwar am 14. April 1994, am Unabhängigkeitstag, durch den Staatspräsidenten.

Mann nicht vor ein Militärgericht gestellt und ihm sein Offiziersrang nicht aberkannt worden ist. Man muß leider feststellen, daß dieser Goldstein der Armee entsprach, so wie sie ist. Der Aufruf, Araber zu töten, wird in der Armee nicht für tadelnswert gehalten, und die Armee wird mehr und mehr durch die religiösen Parteien und deren Auffassung über die Gojim beeinflußt.

Goldstein war auch, wie ich bereits ausführte, in Kiryat Arba geehrt und integriert. Er sprach offen davon, daß es eine Zeit zum Heilen und eine Zeit zum Töten gäbe, und wenn er schon einen verletzten Araber behandelte, dann tat er das nur bis zum Eintreffen eines anderen Arztes. Auch das blieb der Kommission, deren Mitglieder – wie man annehmen muß – mitunter doch wohl Zeitungen lesen, offenbar verborgen. Hier ist ein Offizier im Rang eines Hauptmanns ohne Anzeichen einer psychischen Krankheit, mit Leib und Seele in die Gemeinschaft integriert, in der er lebt, ein hingebungsvoller und äußerst beliebter Arzt, Preisträger der Nationalen Krankenkasse.

Zum Thema Strafverfahren gegen Goldstein ist folgendes zu sagen: Zwei davon drehten sich um seine Delikte in der Ibrahimi-Moschee/Machpela-Höhle. Aber er war auch wegen Wehrkraft schädigender Angriffe auf israelische Soldaten angeklagt. Gewöhnlich wird das als eine sehr ernste Angelegenheit betrachtet, doch im Fall Goldstein schadete das »seinem guten Namen« nicht, und die Kommission schwieg sich darüber aus.

Wenn überhaupt Verfahren gegen Siedler eingeleitet werden, so geschieht das nicht gerade schnell, das kann ich aus Erfahrung unter Eid bezeugen. Gegen Goldstein wurden sie eingestellt wegen »Ermangelung öffentlichen

Interesses«, wie es im Bericht der Kommission hieß. In der Tat, welches Interesse kann die Öffentlichkeit schon daran haben, einen so angesehenen Menschen zu verurteilen, und wer sollte wohl nach Beweisen gegen ihn suchen? Die Kommission interessierte das alles nicht, und sie äußerte auch keinerlei Befremden darüber, daß die Verfahren gegen den Mann eingestellt worden waren, obgleich sie ein ganzes Kapitel dem Thema der Geltendmachung des Gesetzes in den besetzten Gebieten, auch gegenüber Siedlern, widmete. Sie läßt auch keinerlei fachliche Neugier erkennen, herausfinden zu wollen, was in diesen Akten stand und welche Information die Polizei über diesen Mann besaß, der das Massaker beging.

Das Begräbnis Goldsteins, dessen Leiche auf die Bitte seiner Familie hin nicht obduziert worden war, zeugt einerseits von Kiryat Arbas Wertschätzung für ihn, andererseits von der größtmöglichen Rücksichtnahme der Regierung nicht nur auf seine Familie, sondern vor allem auf die Siedlergemeinschaft. Wie wichtig diese Gemeinschaft für die Regierenden ist, läßt eine Bemerkung des stellvertretenden Verteidigungsministers Mordechai Gur erkennen, als er sagte, Kiryat Arba sei Fleisch vom Fleische des Staates und müsse geschützt werden.

In diesem Zusammenhang sind auch die Aktivitäten von Präsident Weizmann eine Erwähnung wert. Uzi Benziman informiert uns in *Haaretz* vom 4. März 1994, daß Ezer Weizmann zur selben Zeit, als er seinen »Schock über das Massaker« bekundete, wohlwollende Verhandlungen mit der Familie Goldsteins und seinen »Kach«-Kameraden über ein angemessenes und ehrenhaftes Begräbnis führte. Die Siedler Kiryat Arbas, unter denen sich viele in Rundfunk- und Fernsehinterviews für diesen Massenmord aussprachen und Goldstein als »Märtyrer« und »Heiligen Mann« priesen, forderten von General Yatom, daß der Leichenzug durch die Stadt Hebron, die damals unter Ausgangssperre stand, geführt werden müßte. Yatom wagte es nicht, diese Forderung rundweg abzuschlagen. Sein Ablehnungsgrund war, daß dies zu »Unruhen« führten könnte. Daraufhin rief der Bürgermeister von Kiryat Arba, einer der glühendsten Extremisten unter den religiösen Siedlern, Ezer Weimann an und drohte ihm, daß »die Siedler ein Pogrom machen würden«, wenn man ihre Forderungen nicht erfüllte. Weizmann reagierte auf diese ungeheuerliche Drohung mit Nachsicht und rief den Stabschef an, um ihn zu fragen, warum denn die Armee die Forderungen der Siedler nicht erfülle. Barak antwortete ihm, die Armee befürchte, die Araber würden (Goldsteins) Grab entweihen und den Leichnam wegschleppen.

Bei weiteren Verhandlungen, an denen unter anderem Barak, Yatom, Rabin, die »Kach«-Führer und Siedler aus Kiryat Arba beteiligt waren, blieb Weizmann hart, »die Armee müsse den Wünschen und Empfindungen der Siedler Respekt zollen«. Schließlich wurde ein für alle Seiten annehmbarer Kompromiß erzielt: Ein großer Leichenzug sollte durch Jerusalem führen, wofür die Polizei einige der belebtesten Straßen für den Verkehr sperren sollte. Und so geschah es denn auch.

Doch nach diesem Jerusalemer Begängnis wurde der Mörder mit Pomp in Kiryat Arba, auf einer Verlängerung der »Kahane-Avenue« beigesetzt. Sein von einer ständigen Ehrengarde der Armee bewachtes Grabmal wurde sofort zu einer Pilgerstätte*, nicht nur für die Siedler, sondern auch – wie Nadav Ha'etzni am 4. März 1994 in der Zeitung *Haaretz* mit Abscheu feststellte – von Delegationen aus allen israelischen Städten.

Benziman zufolge war aber die Zustimmung der Siedler zu diesem Kompromiß nur sehr schwer zu erhalten gewesen. General Yatom mußte sich ihnen und Katzover persönlich stellen und versprechen, daß »Goldsteins Beisetzung in Kiryat Arba nur temporär ist und daß man ihn endgültig in Hebron bestatten wird«. Die Zustimmung mußte auch von dem berüchtigten Rabbi von Kiryat Arba, von Dov Lior, eingeholt werden. Dieser erklärte: »Da Goldstein das, was er tat, im Namen Gottes tat, muß er als ›Gerechter‹ angesehen werden.« (Siehe *Yerushalaim*, 4. März 1994.)

Benziman nennt auch die Erklärung für dieses entwürdigende Verhalten von Weizmann und seiner Gefolgschaft: »... die Beamten im Präsidialamt rechtfertigten diese Vorgänge mit der Behauptung, daß es notwendig sei, die Stimmung der Siedler zu beruhigen«. Benzimans Kommentar dazu: »Bei solch einer Haltung höheren Orts muß man schon sehr optimistisch sein, um zu erwarten, daß die (israelische) Regierung den Mut aufbringt, etwas Einschneidendes zu unternehmen, wie zum Beispiel die Räumung der Siedler aus Hebron.«**

Professor Shahak, der sich hier zu großen Teilen auf die Schilderungen von Ilana Blum und Zwi Singer (in

* Die Grabinschrift lautet: »Hier ruht der Heilige, der Arzt Baruch Kappel Goldstein. Möge der Gerechte gesegnet sein. Möge Gott sein Blut rächen. Ohne Fehl und mit reinem Herzen opferte er sich für sein Volk, die Thora und das Land Israel. Möge seine Seele in Frieden ruhen.«

** Zit. in: J. Shahak, The Background and Consequences of the Massacre in Hebron, 1994

Yediot Achronot, 28. Februrar 1994) stützt, beschreibt Goldsteins Begräbnis wie folgt:

Teil I fand in Jerusalem statt. Unter der großen Anzahl Trauernder waren »nur wenige Siedler aus Kiryat Arba. Obwohl sie Goldstein nie persönlich getroffen hatten, kamen die meisten von ihnen aus Jerusalem – begeisterte Bewunderer seiner Tat. Viele darunter waren Yeshiva-Studenten. Eine große Gruppe vertrat die Habad-Hassidische Bewegung, eine andere die (antizionistischen) Satmarer Hassiden«. Zahlreich auf dem Begräbnis vertreten waren auch andere hassidische Bewegungen, deren Anhänger seit Martin Bubers Zeiten durch einige Pseudointellektuelle entflammt worden waren. (Übrigens war Goldstein Gefolgsmann sowohl von Kahane als auch vom Lubawitscher Rabbi, doch diese Tatsache, wiewohl bekannt, wird in diesem [v. J. Shahak] zitierten Bericht nicht erwähnt.)

»Immer wieder hörte man Leute in der Menge, die auf die Ankunft des Leichnams warteten, rufen: ›Welch ein Held! Welch ein Gerechter!‹ oder ›Er hat es für uns alle getan!‹ Wie stets bei solchen Zusammenkünften religiöser Juden verschmolzen die Teilnehmer zu einer Kollektivperson, vereinigt in ihrem glühenden Haß auf die israelischen Medien, gegen die verruchte Regierung und vor allem gegen jeden, der es wagte, gegen den Mord zu sprechen.«

Ehe sich der Zug in Bewegung setzte, sprachen einige recht bekannte Rabbis und Mitglieder der Gush Emunim die Trauerreden für Goldstein, mit Lobesworten für die Morde, die er begangen hatte. Lassen Sie mich nur zwei von ihnen zitieren. Rabbi Israel Ariel sagte: »Der heilige Märtyrer Baruch Goldstein ist von jetzt an unser Fürsprecher im Himmel. Goldstein hat nicht als Individuum gehandelt. Er hörte vielmehr den Schrei des Landes (Israel), das uns Tag für Tag von den Muslimen gestohlen wird. Er handelte, um diesem Schrei Gehör zu verschaffen!« Und gegen Ende seiner Trauerrede sagte Rabbi Ariel: »Die Juden werden das Land nicht durch irgendein Friedensabkommen erben, sondern nur durch Blutvergießen.«

Ben-Shoshan Yeshu'a, ein Mitglied des »Jüdischen Untergrunds«, der wegen Mordes zu lebenslänglicher Haft verurteilt, aber nach ein paar Jahren, die er unter luxuriösen, hotelähnlichen Bedingungen verbracht hatte, amnestiert worden war, begann seine Ansprache mit einer überschwenglichen Lobpreisung. »Welch eine Schande«, rief er dann, »daß es selbst in dieser heiligen Zeit Juden gibt, die andere Juden dafür bezahlen, uns zu bespitzeln!« Die Menge begann zu murren. Doch da tauchten zwei Polizeioffiziere in ihrer Mitte auf, die sich umsahen. Alle verfielen wieder in Schweigen.

Solch eine Episode zeigt meiner (J. Shahaks) Meinung nach, daß die Kahane-Anhänger nicht nur grausam, sondern auch feige sind – beides im Extrem. Sie sind bereit, sich an barbarischen Grausamkeiten zu beteiligen, doch nur dann, wenn sie sich stark fühlen und wenn sie gegen Schwache und Unbewaffnete vorgehen können, sobald sie aber mit wirklicher Macht konfrontiert sind, beginnen sie zu zittern.

Der Begräbniszug wurde mit verstärkten Sicherheitskräften, das heißt durch Grenzschutz, Polizei und Geheimpolizei geschützt. Niemand von diesen Kräften machte sich die Mühe, Kahane-Rabauken daran zu hindern, Reporter zu attackieren, die man als solche erkennen konnte (die meisten hatten sich verkleidet) oder aber Pressefotografen anzugreifen, die an ihren Kameras leicht zu erkennen waren. »Eine ganze Einheit Grenzschützer ging dem Leichenzug voran, in ihrem Gefolge marschierten junge Kahanisten aus Jerusalem, die fortwährend ›Tod den Arabern!‹ schrien.

Obwohl sie offensichtlich darauf aus waren, einen Araber zu töten, konnten sie keinen entdecken. (...)

Doch das war noch nicht das Ende der Geschichte. Nachdem Goldsteins Sarg unter schwerster Bewachung nach Kiryat Arba gebracht worden war, fand in der Halle der Hesder Yeshiva »Nir«, das heißt einer Institution der Armee, eine zweite Lobpreisung statt. Goldstein wurde hier von einem bunten Gemisch religiöser Siedler gepriesen, aber auch von dem oben erwähnten Rabbi Dov Lior. Lior sagte: »Goldstein war voller Liebe für seine Mitmenschen. Er opferte sich auf, um anderen zu helfen.«

Es muß hier erwähnt werden, daß sich die Begriffe »andere« und »Mitmenschen« in der Halacha ausschließlich auf andere Juden und jüdische Mitmenschen beziehen. Werden diese Begriffe von Rabbis in Hebräisch verwendet, dann haben sie zwangsläufig *nur* diese Bedeutung. Dasselbe trifft auch auf das Jiddische zu. Obwohl hier das Wort »Mensch« eigentlich »menschliches Wesen« bedeutet, wird es in Wahrheit nur für jüdische Menschen verwendet.

»Goldstein«, so setzte Lior seine Lobrede fort, »konnte all die Demütigungen und die Schande nicht mehr ertragen, darum ist er zur Tat geschritten, und zwar aus keinem anderen Grund, als um die Juden im Heiligen Namen (Gottes) zu lobpreisen und zu heiligen.«*

Nehmen wir für einen Augenblick an, Goldstein wäre ein Palästinenser gewesen und er hätte einen Juden ermordet, dann wäre er an einem unbekannten Ort ohne Beisein seiner Familienangehörigen begraben worden. Und wäre er ein palästinensisches Opfer gewesen, so hätte man ihm ebenfalls kein Begräbnis mit einem öffentlichen

---

* Shahak's Report, a.a.O.

Massengeleit gestattet, er wäre vielmehr mitten in der Nacht hastig im Beisein einiger weniger Verwandter beerdigt worden, so wie es in Hunderten Fällen in der Vergangenheit geschehen ist und so wie es auch die lakonischen Aussagen über die Beerdigung der Opfer des Hebroner Massakers auf erschütternde Weise belegen. – Wäre er ein palästinensischer Täter gewesen, dann hätte man sogar das Haus seiner Familie gesprengt, als Kollektivstrafe, oder vielleicht auch einige Häuser des Dorfes, so wie es im Dorf Beita geschah.

Goldsteins Frau Miriam, Mutter seiner vier Kinder, Aktivistin der »Kach«, wurde insgeheim zur Heldin der extremistischen Rechten. Für ihren Lebensunterhalt wird gesorgt. Sie hat das Massaker mit keinem Wort verurteilt oder bedauert. Sie fragte vielmehr, wann man die Mörder ihres Ehemanns vor Gericht stellen würde.

Es trafen auch ermutigende Telegramme bei Miriams Eltern in Beerscheva ein, aus Israel und aus dem Ausland, die die Witwe und die Familie trösten wollten »zum halben Jahr seit der edlen und wunderbaren Tat des Doktors«.

In der Beilage von *Yediot Achronot* vom 5. September 1994 berichten ihre Freunde, daß Miriam Goldstein darum kämpfe, den makellosen Namen ihres Mannes wiederherzustellen – nur das könne ihren großen Schmerz lindern. Seine Tat, so hofft sie, sollte als die Tat eines Gerechten gepriesen werden, der sein Leben als Märtyrer Gottes für Israel geopfert habe.

Die Reaktion der israelischen Öffentlichkeit – Wahrer Sachverhalt und Täuschung

Am 26. Februar 1994, einen Tag nach dem Massaker, veranstaltete »Frieden jetzt« in Jerusalem eine Demonstration gegen das Massaker, an der etwa 2000 Demonstranten teilnahmen. Bei dieser Demonstration wurde von »Frieden jetzt« zum ersten Mal die Forderung gestellt, die Siedler aus Hebron zu räumen. Auf dem Podium saß der Immigrationsminister der Meretz-Partei, Yair Zaban. Wütende Rufe aus dem Publikum richteten sich gegen ihn, gegen die Regierung und die Armee.

Die Regierungsparteien der Knesset, die das Massaker verurteilten, darunter auch Meretz, ignorierten völlig, daß die Siedlungen, die von der Regierung unterstützt werden, die Wurzel allen Übels sind. Die Linke, vertreten durch den »Friedensblock« und das »Solidaritätskomitee Hebron«, initiierte zwei Protestwachen, eine in Jerusalem und eine zweite in Tel Aviv. »Frieden jetzt« schloß sich später diesen Mahnwachen an. In einem Aufruf, der vom »Friedensblock« und dem »Solidaritätskomitee Hebron« herausgegeben wurde, stand:

> Das mußte so kommen! Siedler übten viele Monate lang eine Schreckensherrschaft über die Bewohner Hebrons aus, während die Soldaten dabeistanden und die Regierung ihre Zustimmung dazu gab.
>
> Das »Solidaritätskomitee Hebron« und der »Friedensblock« haben in den vergangenen zwei Monaten vor der

Gefahr eines Massakers in Hebron gewarnt und die Regierung aufgefordert, ernstzunehmende Maßnahmen gegen die Siedler zu ergreifen, welche die palästinensische Bevölkerung dort bedrohten und Zerstörungen anrichteten. Die Regierung weigerte sich, ihre Politik zu ändern, in der Hoffnung, daß der von den Siedlern auf die palästinensische Bevölkerung ausgeübte Druck, dem Vorhaben der Regierung dienen könne, die Palästinenser »weichzuklopfen«, und dazu beizutragen, sie »zum Schwitzen« (Rabin) zu bringen, eine Politik, die Anfang dieses Jahres eingeleitet worden ist. Nur diesmal war es kein »Schweiß«, es waren Ströme von Blut.

Wie im Fall von Sabra und Schatila kann die Regierung nicht für sich reklamieren, daß »ihre Hände dieses Blut nicht vergossen haben« – Dutzende Soldaten sind ständig dort stationiert, und trotzdem war der Siedler imstande, seinen bösen Plan durchzuführen.

Wie im Fall von Sabra und Schatila kann die Regierung nicht für sich reklamieren, keine Ahnung davon gehabt zu haben, daß solch ein Massaker überhaupt stattfinden könnte. Die Regierung ließ es bewußt zu, daß sich die Lage bis zu diesem Grad verschlechterte. Die Regierung Rabin hat die volle Verantwortung für das Massaker in Hebron zu tragen, denn das Massaker bewies, daß die Regierung mit ihrer gegenwärtigen Politik unfähig ist, das Leben der palästinensischen Bewohner zu schützen.

Wir appellieren daher an die israelische Regierung,

– die Siedler sofort zu entwaffnen,
– sie aus Hebron zu evakuieren
– und eine Ermittlung einzuleiten über die Mitverantwortung der Armee und der Politiker für das Massaker in Hebron!

Wir appellieren an die internationale Gemeinschaft,

– internationalen Schutz für die besetzten Gebiete und die Sicherheit der Bewohner der Westbank und des Gazastreifens zu gewährleisten, bis die Verantwortung in die Hände der PLO übergegangen ist!

In der Woche nach dem Massaker organisierte das »Solidaritätskomitee Hebron« einen medizinischen Notfonds für die Hebroner Krankenhäuser. Das Komitee sammelte auch Lebensmittelvorräte für die in der Nähe der jüdischen Siedlung Ha'harsina lebenden palästinensischen Familien, die von den Siedlern aus Kiryat Arba systematisch tyrannisiert werden und die nun unter einer Ausgangssperre litten, die unmittelbar nach dem Massaker über Hebron verhängt worden war.

Am 5. März 1994 fand eine Demonstration gegen das Massaker in Tel Aviv statt, an der Tausende teilnahmen. Sie wurde von »Frieden jetzt« und einem Komitee arabischer Bürgermeister organisiert. Der »Friedensblock«, der auch zur Demonstration gekommen war, forderte in einem Slogan den *sofortigen Abbau der Siedlungen*. Doch die Aktivisten von »Frieden jetzt« waren gegen diese Forderung und drohten, die Leute vom »Friedensblock« von der Demonstration auszuschließen. Es gelang ihnen nicht, ihre Drohung wahrzumachen, weil die Mehrheit der Demonstranten die Meinung des »Friedensblocks« teilte.

In einem Flugblatt, das von Matzpen, einer antizionistischen Organisation, unter den Demonstranten verteilt wurde, stand unter anderem folgendes:

> Wir sind heute abend hierher gekommen, um den zähneknirschenden Heuchlern und Mitschuldigen am Verbrechen, die jetzt auf dem Podium stehen, mit klarer Stimme zu sagen: *Mitschuldig am Verbrechen!* Weil sie die Augen

angesichts der gequälten Bewohner von Hebron verschließen.

Mitschuldig am Verbrechen! Weil sie sich weigern, konkrete Schritte zu unternehmen, die Mordnester in den gesamten besetzten Gebieten niederzureißen.

Mitschuldig am Verbrechen! Weil sie die Siedler absichtlich zum Bleiben ermutigen, um damit bei den Verhandlungen Druck auf die PLO auszuüben.

Mitschuldig am Verbrechen! Weil sie die Menschen durch die Verbreitung der Lüge »Frieden ohne Abbau der Siedlungen« betrügen.

Wir sind hierher gekommen, um gegen die Gewalt der Siedler zu demonstrieren, aber auch gegen das Weiterbestehen der Siedlungen in den besetzten Gebieten.

Wir sind hierher gekommen, um gegen die Mörderbanden zu demonstrieren, aber auch gegen jene, die mit ihnen kooperieren und die sich weigern, die einzig möglichen Schritte zu tun, die weitere Opfer vermeiden könnten.

Wir sind hierher gekommen, um gegen die Regierung zu demonstrieren, welche die Aussicht für den Frieden zwischen beiden Völkern dieses Landes in weite Ferne rückt!

Auch die rechtsgerichtete Opposition in der Knesset verurteilte das Massaker; damit war die Verurteilung in der Knesset einmütig.

Am Tag nach dem Massaker trafen sich die rechtsgerichteten Oppositionsführer in Tel Aviv zu Notstandsberatungen, wobei eine gemeinsame Erklärung zur Verurteilung der Tat formuliert wurde. Doch der überwiegende Teil dieser Erklärung diente dem Zweck, die Siedler in Schutz zu nehmen und die Regierung davor zu warnen, die Tat (für ihre Zwecke) »auszuschlachten«. So heißt es in dieser Erklärung unter anderem:

> Die Opposition warnt die Regierung vor der Absicht, das tragische Ereignis in Hebron (für ihre Zwecke) auszuschlachten und der jüdischen Siedlergemeinschaft Schaden zuzufügen. Die Mitglieder der Opposition fordern von der Regierung, nicht die Selbstkontrolle zu verlieren und mit einer Politik der Nachgiebigkeit gegenüber dem Terrorismus (der Araber – F. L.) Schluß zu machen, mit einer Politik, die zu einer noch nie dagewesenen Verschlechterung der Sicherheitslage und der Verteidigungskraft der israelischen Armee geführt hat.* Des weiteren ermahnen die Oppositionsführer die Regierung, keine weitreichenden Schritte – wie etwa die Entwaffnung der Siedler – ohne »nationale Zustimmung« vorzunehmen.

Das ist eine wahrhaft teuflische Verdrehung des wahren Sachverhalts: Die Nachgiebigkeit der Regierung gegenüber den Siedlern, denen sie quasi einen rechtsfreien Raum in den besetzten Gebieten einräumte, hat doch zu dem – wie es hier so schön heißt – »tragischen Ereignis« geführt und nicht die milde Behandlung der Araber durch die Regierung. Verbunden wird alles mit der unterschwelligen Drohung, daß eine Entwaffnung der Siedler die Wehrkraft Israels noch mehr schwächen würde.

Oberflächlich betrachtet hätte man annehmen können, die Verurteilung sei total gewesen. Die Wahrheit ist anders. Sie aufzuzeigen, ist daher wichtig und aufschlußreich, sowohl was die Reaktion der Siedler als auch die der israelischen Öffentlichkeit betrifft.

So schrieb zum Beispiel Youval Katz am 4. März 1994 in der Zeitung *Yerushalaim*, es ist einfach nicht wahr, daß

---

* Vgl. *Haaretz*, 27. Februar 1994, Zit. in: AIC, a.a.O.

(...) abgesehen von einigen Psychopathen – die ganze Nation, alle Politiker miteingeschlossen, Dr. Goldstein ausdrücklich verurteilt hat, obwohl – wie vorteilhaft für uns – die großen Fernsehkanäle der Welt letzte Woche immer noch mit dieser Unwahrheit irregeführt worden sind.

Katz berichtet, wie der beliebte Fernsehentertainer Rafi Reshef, der nicht so streng kontrolliert wird wie die Moderatoren der großen Sender, in dieser Woche einige verläßliche Umfrageergebnisse bekanntgeben konnte. Daß einer Umfrage zufolge an die 50 Prozent der Bewohner von Kiryat Arba das Massaker gutheißen, fällt dabei weniger ins Gewicht. Aufschlußreicher ist da schon eine andere Umfrage, die nachwies, daß etwa 50 Prozent der israelischen Juden jetzt den Siedlern mehr Sympathie entgegenbringen als vor dem Massaker. Doch am allerwichtigsten war wohl die dritte Umfrage. Sie belegte, daß mindestens die Hälfte der israelischen Juden dem Massaker zustimmen würde, wenn man es nicht als solches bezeichnet, sondern es »Operation Patriarchengrab« nennt. Diese nette Formulierung findet bereits bei vielen Siedlern Verwendung.

Katz berichtet weiter, daß die von Reshef interviewten Politiker und Akademiker die Bedeutung dieser Umfrageergebnisse gar nicht begriffen. Sie taten sie als Zufallsprodukte ab und weigerten sich, sie zu kommentieren. Katz findet aber eine Art Entschuldigung dafür:

Ich vermute, daß diese überaus beschäftigten »Figuren der Öffentlichkeit« wie andere auch, die sich in dieser Woche bemüßigt fühlten, im Namen der gesamten Nation zu sprechen, einfach keine Zeit dazu hatten, in den letzten Tagen auf die Straße zu gehen. Dort konnte man die Leute – ausgenommen vielleicht in reicheren Gegenden – fröhlich schmunzeln sehen, sobald sie über das Massaker sprachen. Der stereotype und beliebte Kommentar war: »Na klar, man muß Goldstein ja tadeln. Er hätte mit Leichtigkeit abhauen können und das gleiche noch mal in vier anderen Moscheen machen können, doch er hat's nicht getan.«

Professor Shahak gibt dazu folgenden Kommentar:

> Es wurde deutlich, daß sich die Leute ziemlich gleichmäßig in zwei Kategorien teilten: in jene, die lauthals das Massaker bejubelten, und in andere, die sich still verhielten und das Massaker nur dann verurteilten, wenn sie dazu ermutigt wurden.

Shahak zitiert Katz:

> »Es ist jetzt der richtige Zeitpunkt, endlich den naheliegenden Schluß zu ziehen, daß wir, die Juden, keineswegs sensibler oder barmherziger sind als die Nichtjuden. Viele Juden wurden von demselben rassistischen Indoktrinationsprogramm geprägt, das gegenwärtig die Mehrheit der Nationen der Welt deformiert. Wir müssen zugeben, daß sich unsere angebliche Fortgeschrittenheit, was progressive Ansichten und Demokratie betrifft, nicht auf die archaischen Formen jüdischen Stammesgefühls auswirkte. Alle, die sich selbst noch etwas vormachen und meinen, Juden wären anders als andere Nationen, sollten es jetzt besser wissen. Der Kugelhagel aus Goldsteins Gewehr gibt ihnen die Gelegenheit, das zu erkennen.«
>
> Katz' Ansichten (so Professor Shahak) waren unter den Reaktionen auf das Massaker die wohl aufrichtigsten und offensten, doch sie waren keineswegs isoliert. Einige Verur-

teilungen, die in der Presse mit Entschiedenheit geäußert wurden, dürften jene 50 Prozent der Nation repräsentiert haben, die schockiert waren, als sie die anderen 50 Prozent über das Massaker an Unschuldigen jubeln sahen, schokkiert auch über die Politiker und »Figuren der Öffentlichkeit«, die wie Strauße ihre Köpfe in den Sand steckten.*

Während meines Aufenthalts in Israel im Oktober 1994 habe ich diese Analyse bestätigt gefunden. Ich hörte aufrichtige Verurteilungen des Massakers, aber nicht selten auch Worte des Verstehens für Goldsteins Verbrechen.

In *Haaretz* vom 4. September 1994 besprach der Journalist Schlomo Drori eine Broschüre, die vom Leiter der Yeschiva Kever Josef (Josefs Grab), dem Siedlerrabbiner Yitzhak Ginzburg in Nablus, herausgegeben worden war. Ihr Titel lautete: »Fünf generelle Mizvot**, innere Aspekte, die der Tat des Märtyrers Rabbi Baruch Goldstein zugrundeliegen.« Drori:

»Die Tat Baruch Goldsteins, der Herr möge sein Blut rächen, hat immense Aufregung hervorgerufen, aber es ist von großer Bedeutung, es dabei nicht bewenden zu lassen, sondern die Tat von verschiedenen Seiten her zu erläutern und sie mit den Werkzeugen der Thora zu begreifen.« So steht es in der Einleitung zu einer Broschüre, die Rabbiner Yitzhak Ginzburg (...) herausgegeben hat.

Im weiteren prüfte Ginzburg, ob der Tod der Araber an sich positiv sei. Und er bejaht das.

Die ganze Broschüre (...) ist der Erklärung gewidmet, weshalb das Massaker in der Machpela-Höhle eine helden-

---

* Shahak's Report, a.a.O.

** Mizvot (pl.), Mizva: gute Tat, religiöse Pflicht (Anm. d. Ü.)

mütige religiöse Wohltat ist, die um des Märtyrertums für Gott geschah. Etwa tausend Exemplare wurden innerhalb von zwei Tagen verkauft, dann wurde der Druck eingestellt. Die Besitzer der Broschüre wurden gebeten, ihren Inhalt nicht den Medien mitzuteilen. (...)

Die religiös guten Taten, so heißt es da, sind Märtyrertum für Gott, Seelenrettung, Rache, Ausrottung des Bösen und Krieg. (...) »Die Krönung der Tat (Goldsteins) ist das Märtyrertum Gottes«, sagte der Rabbiner. (...) »Es ist auch wichtig, dem Goj zu zeigen, daß die Kinder Israels keine Trottel sind«, führte der Rabbiner aus und er betonte, »daß es sich hier um die Sprache unserer Tage handelt. Die Aufopferung des Tatausführenden, die Bewunderung Israels und die Angst der Gojim hängen voneinander ab.«

Die Tat zeuge auch von Selbstaufopferung. »Sein seelischer Beweggrund war seine Anteilnahme am Leben des Nächsten.« An dieser Stelle erklärte der Rabbiner, daß das Leben Israels dem Leben des Goj vorzuziehen sei. (...) »Israels Blut ist dem Herrn teuer und daher röter, und sein Leben ist vorzuziehen.« Bestehe die Befürchtung, daß der Goj etwas tun könnte, was das Leben Israels verletzen könnte, muß nach der Regel verfahren werden, »den Guten unter den Gojim töte«, und er betonte, daß hier nicht nur vom Schlachtfeld die Rede sei. (...)

Danach befaßte sich der Rabbiner mit der Rache. »Wenn es keine Rache gibt, beginnt das Leben in Traurigkeit und Unglauben zu versinken.« (...)

Die vierte gute Tat, die der Rabbiner behandelte, ist die Ausrottung des Bösen oder wie es heißt, »das Andenken Amaleks (des Erzfeinds Israels) auslöschen«. »Man muß den Feind auch an dem an ihm Sichtbaren beurteilen, und an dem Bösen, das in seiner Handlung liegt und prüfen, ob der Tod der Araber dem Wesen nach positiv ist.«

Der Rabbiner (...) nannte es »scheinbare Aufregung« (wenn man etwa sagt), »wie schrecklich ist es, auf Betende in einer Moschee zu schießen, in einem Moment, in dem jene vor Gott knien«. Das sei, so sagte er, die Argumentation derer, die keinen Gott in ihrem Herzen trügen. Wer Gott in seinem Herzen trüge, wisse, daß eine »rohe Zusammenkunft zu Gott« dazu angetan sei, das Böse zu verstärken. »Aus den Kirchen und den Moscheen bricht der mächtigste Haß gegenüber Israel hervor.«

Im letzten Kapitel geht es um die Eroberung des Landes. »Die Verewigung Baruch Goldsteins, der Herr möge sein Blut rächen, als Held, ist dazu angetan, den Geist des Heldenmuts zu nähren, der in den kommenden Tagen nötig sein wird«, sagte der Rabbiner. Das Erbe des Landes muß vollständig angetreten werden. Es ist nicht genug mit der Herrschaft – man muß die Konfrontation mit den Widersachern Israels zur tatkräftigen Regel machen.«

Viele Schüler von Rabbiner Ginzburg sahen in der Broschüre ein halachisches Urteil. »Es kann sein, daß aufgrund der Broschüre ein weiterer Mensch oder mehrere aufstehen und so etwas wie Baruch Goldstein tun werden«, sagte einer der Schüler, »die meisten Menschen fühlen wie der Rabbiner, aber die Angst vor der Konfrontation innerhalb Israels und die Furcht, was die Gojim sagen werden, hat bis heute die breite Öffentlichkeit gelähmt.«

Rache, Blut, Amalek der Erzfeind, das Erbe des Landes muß vollständig angetreten werden, das sind Kernworte im Katalog der religiösen Fanatiker, die nicht nur Worte bleiben, sondern in schreckliche Taten umgesetzt werden.

Wie wir von Ran Kislev in *Haaretz* vom 9. September 1994 erfuhren, verkauften sich die Exemplare dieser Broschüre wie warme Semmeln, und es ist kein Geheimnis, daß der Rabbiner in Nablus mit seinen Ansichten unter jenen, die man Rabbiner von Judäa und Samaria nennt, nicht allein dasteht.

Einer von ihnen ist Rabbi Ariel, über den Aviva Schabi und Zvi Gilat in *Yediot Achronot* vom 18. März 1994 schrieben. Ariel verglich Baruch Goldstein mit dem Helden Samson, der 300 Philister tötete, und nannte ihn einen Märtyrer. Auf einer der Rabbiner-Versammlungen sagte er, man müßte für jeden getöteten Juden mindestens ein paar Araber in den Himmel befördern. Die Anwesenden auf dieser Versammlung erzählten, daß das noch eine der gemäßigteren Äußerungen war, die er über Araber von sich gab.

Die israelische Regierung hat seit der Entdeckung der jüdischen Untergrundbewegung 1984 keinen Finger gegen diese und ähnlich berüchtigte Rabbiner erhoben, die zum Mord aufhetzen und den Boden für das kommende Massaker bereiten.

Eine für das orthodoxe Judentum charakteristische Reaktion (wobei es sicherlich Ausnahmen gibt), beobachteten Journalisten in der bekannten Orthodoxen-Stadt in Israel, Bnei Brak. Avirama Golan schilderte die Atmosphäre in dieser Stadt in *Haaretz* am 28. Februar 1994 unter dem Titel »Bnei Brak am Tag des Massakers«:

> An einer belebten Straße, vor einem großen Karren für den Verkauf von süßen Purim-Broten, stellten Mitglieder der Bnei Brak, dem »Haus für Küche und Gastfreundschaft«, einen ihrer Stände zum Geldsammeln auf. Jedem, der Geld gab, wurde ein Rezept und ein Segensspruch zuteil: »Mögest du gute Taten vollbringen!«
>
> Einer der gemieteten Wachmänner, mit einer großen Pistole im Gürtel, einer schwarzen Yarmulka auf dem Kopf

und dem Abzeichen »Bnei Brak Sicherheitsteam« auf der Brust, beobachtete die Geldsammler mit einer gewissen Neugier. Plötzlich entdeckte er einen seiner Kollegen auf dem Bürgersteig gegenüber. »Ein Purim-Wunder, sag ich dir! Ein Purim-Wunder!« schrie er mit voller Lautstärke. »Dieser Heilige hat eine große Tat vollbracht. 52 Araber auf einen Streich!«

Einer der Geldsammler, ein magerer Yeshiva-Student, konnte das gar nicht glauben. »Das ist unmöglich«, sagte er, »das sind doch nur Märchen.«

Die Leute, die dort herumstanden, bestätigten, daß es wahr sei. Es kam im Radio, sagten sie.

»Wo denn?«

»In Hebron, bei der Höhle des Patriarchen!«

Der Yeshiva-Student wurde blaß. »Die Araber sind mir egal. Aber das wird uns sehr schaden«, sagte er.

»Was redest du da?« rief ihm der Wachmann zu, »es ist ein Purim-Wunder. Gott hat uns geholfen!«

Die Leute rings um den Stand waren in zwei Gruppen geteilt: in solche, die nickten und sagten, die Araber verdienten das und die ganze Angelegenheit käme von Gott, und in solche, die schwiegen.

Um die Reaktion der Öffentlichkeit auf das Massaker zu erfahren, wurden Meinungsumfragen gemacht. Werfen wir einen Blick auf die Ergebnisse dieser Umfragen und zitieren dazu Professor Shahak:

Eine Expertenumfrage, durchgeführt von Eliyahu Hassin für die Zeitung *Shishi*, die am 11. März (1994) veröffentlicht wurde, wertete einen Repräsentativausschnitt aller israelischen Erwachsenen aus, das heißt, die Umfrage schloß auch die arabischen Inhaber der israelischen Staatsbürgerschaft mit ein. Die Befragten konnten zwischen drei Möglichkei-

> ten wählen: zwischen der Rechtfertigung des Massakers, dem Verständnis dafür (ohne Rechtfertigung) und einer eindeutigen Verurteilung (ohne verschwommene Begriffe). Die ersten beiden Antworten wurden gemeinsam bewertet und dann mit den eindeutigen Verurteilungen kontrastiert. (Der Rest, der auf 100 Prozent hochgerechnet werden mußte, steht für jene, die die Antwort verweigerten oder keine Meinung dazu hatten.)
>
> Der nationale Durchschnitt war folgender: Sechs Prozent rechtfertigten das Massaker; 30 Prozent verstanden es; 36 Prozent verurteilten es nicht, 63 Prozent verurteilten es. Da die Antworten der Araber, die etwa 14,5 Prozent der israelischen Erwachsenen ausmachen, vorhersagbar waren, können wir zu dem Schluß kommen, daß etwa 40 Prozent der israelischen Juden Goldsteins Massaker entweder rechtfertigten oder zumindest »verstanden«. Das ist der Ausgangspunkt für diesen Bericht, und es sollte auch der Ausgangspunkt für jede ernstzunehmende Analyse israelisch-jüdischer Einstellungen sein.*

Nach weiteren Analysen in dieser Studie, die ich aus Platzmangel nicht anführen kann, gelangt Professor Shahak zu dem Schluß, daß der Prozentsatz derer, die das Massaker rechtfertigten und Sympathie für es empfanden, in der Altersgruppe zwischen 18 und 29 höher war als bei den Älteren. Kein Wunder, denn die Dauer der Besatzung und der häufige Kontakt mit der Bevölkerung in den besetzten Gebieten in der Funktion als Unterdrücker und Soldat muß mehr und mehr zu Extremismus führen.

Bei den Heranwachsenden ist das Bild noch trauriger. So schrieb zum Beispiel Yud Herskovitz, Autor eines Arti-

---

* Shahak's Report, a.a.O.

kels über die Reaktion von Teenagern zum Massaker in Hebron:

> Das Ausmaß der Unterstützung für den Mörder Baruch Goldstein bei israelischen Jugendlichen und ihren Lehrern ist alarmierend. Unmittelbar nach dem Massaker wurde der stellvertretende Erziehungsminister Micha Goldman verbal und tätlich angegriffen, als er auf einer vom Erziehungsministerium gesponserten Konferenz für religiöse Lehrer das Massaker verurteilte. Er benötigte Begleitschutz, um die Versammlung verlassen zu können.
>
> Die öffentliche Diskussion von Schülern und Lehrern über das Massaker erreichte ihren Höhepunkt, als ein Schüler einer säkularen (nichtreligiösen) Berufsschule in Jerusalem bei einer beliebten TV-Show auftrat. Der Schüler berichtete, seine Klasse habe stehend eine Schweigeminute zu Goldsteins Gedenken eingelegt, und zwar mit Wissen und Billigung der Lehrkraft. Premierminister Rabin gab am nächsten Tag einen Kommentar zu diesem Vorfall ab und warnte vor israelischem oder jüdischem Rassismus.
>
> Umfragen in israelischen Zeitungen enthüllten, daß bis zu 60 Prozent der israelischen Schüler Goldsteins Motive entweder direkt unterstützen oder mit ihnen sympathisieren. Bei Diskussionen mit Lehrern in einer Reihe von Schulen konnten wir sehr viel »Verständnis« für die Motive des Mörders feststellen sowie Erstaunen über all die »Turbulenzen«, die das Massaker in Israel hervorgerufen habe, aber auch ganz offen gezeigte Befriedigung darüber, daß man den Arabern endlich mal einen Schlag versetzt hätte. Kurze Zeit später wagten es immer mehr Schüler offen ihre Meinung zu äußern, daß Goldstein Lob und Ehre gebühre.
>
> Viele Schüler, zumeist solche aus dem religiösen Schulsektor, kritisierten nationale Führer der Rechten und religiöse Gruppen, die das Massaker verurteilt hatten, mit aller

> Schärfe. Die Studenten nannten diese »edle Seelen«, ein Ausdruck, mit dem ursprünglich abwertend die Linke bezeichnet wurde, angeblich, weil sie Schwäche zeigten dadurch, daß sie universelle Werte vor zionistische Werte stellten. Diese Schüler behaupten auch, Baruch Goldstein sei im großen und ganzen ein bewundernswerter Jude, selbst wenn er das nicht hätte tun sollen, was er tat, sei es dennoch möglich, seine Beweggründe zu verstehen.*

Über den großen Einfluß des »Kahanismus« in den Schulen wurde viel geredet und geschrieben. Yael Fischbein berichtet am 4. März 1994 in *Davar*, daß bereits in einem in den achtziger Jahren erstellten Bericht der Prozentsatz derer, die Positionen Kahanes unterstützten, mit 33 Prozent angegeben wurde. Damals schon lag die Unterstützung Kahanes im Kreis der orthodoxen Jugend um ein Dreifaches höher als bei den nichtreligiösen Jugendlichen. Charakteristisch für den Kahanismus sei unter anderem, Araber generell nicht als Menschen zu sehen und für ihre physische Vernichtung aus Rache einzutreten.

Eine Studie, 1990 von Professor Ze'ev Ben Sira erstellt, deren Erkenntnisse über die Unterstützung Kahanes (vom damaligen Minister der religiösen Partei) aber nicht veröffentlicht wurde, zeigt einen Anstieg des Sympathisantentums: Kahane selbst wurde von 39 Prozent unterstützt. Die Befürwortung seiner Ideen lag noch höher; etwa 66 Prozent traten für eine »Ermutigung der (palästinensischen) Bevölkerung der besetzten Gebiete zur Auswanderung« ein. Eine Untersuchung von Mina Zemach

---

* Yud Herskovitz, Israeli Teenagers Reaction to the Hebron Massacre, in: Challenge, Mai/Juni 1994

bei Jugendlichen, ebenfalls 1990 erstellt, bestätigte die Studie Ben Siras: 51 Prozent der Jugendlichen sprach sich für eine »Vertreibung der Araber aus den Gebieten Judäa und Samaria« aus. Das Bildungsministerium mit einem orthodoxen Minister an der Spitze, ignorierte diese Ergebnisse, wie gesagt, gänzlich.

Yael Fischbein wies in ihrem Artikel vom 4. März 1994 in *Davar* noch darauf hin, daß sich nichts änderte, als Schulamit Aloni von der Meretz-Partei in das Ministerium kam, denn auch sie unternahm gegen die »schreckliche kahanistische Deformierung, die in der politischen Welt der Jugend in Israel Gültigkeit erlangt hat«, nichts. Auch Amnon Rubinstein von der Meretz tat nicht viel mehr als seine Vorgängerin. Die Folgen der vergifteten kahanistischen Erziehung würden sich nun, so Yael Fischbein, in der gegenwärtigen massiven Unterstützung des Massakers durch die Jugend zeigen.

In einem Staat, in dem in den Medien Araber dehumanisiert werden und in dem man das Gift des Rassismus und religiösen Fanatismus bereits im Kindergarten verabreicht, ist es kein Wunder, daß die Situation bleibt, wie sie ist. Nur ein Ende der Besatzung und Unterdrückung sowie ein prinzipieller Wandel in den Lehrplänen und die Einübung in Toleranz und in der Achtung vor der Würde aller Menschen, könnte das Vorstellungsbild der Jugend verändern.

Das nach dem Massaker in Hebron wohl bedeutsamste Phänomen war der Sturm der Empörung bei der palästinensischen Bevölkerung im Innern Israels. In Galiläa, im

Dreieck* und im Negev wurden sofort Demonstrationen organisiert, die an manchen Orten zu schweren Zusammenstößen mit der israelischen Polizei führten. Die Demonstrationen waren spontan und ganz ohne Zutun der politischen Parteien entstanden, auch nicht mit Hilfe der Kommunistischen Partei oder der Islamischen Bewegung.

Noch interessanter ist, daß die Zusammenstöße vor allem in Gegenden mit wenig politischen Aktivitäten stattfanden, insbesondere dort, wo es eine gemischt jüdisch/palästinensische Bevölkerung gibt wie in Jaffa und Lydda (Lod); hier waren die Zusammenstöße am gewaltsamsten. Am Sonntag, dem 26. Februar 1994, sah es in Jaffa wie in Ramallah während des Höhepunkts der Intifada aus. Zweifelsohne hat die Verschlechterung der Lebensbedingungen der palästinensischen Bevölkerung im Innern Israels an solchen Orten Öl in die Flammen des Zorns über das Massaker gegossen.

Die brutale Reaktion der israelischen Polizei, die in der Beduinen-Niederlassung Rahat im Negev zur Tötung eines Demonstranten führte, erinnerte eher an die Vorgehensweise der Armee in den besetzten Gebieten als an den sonst üblichen Umgang der israelischen Polizei mit Demonstranten in Israel.

Von diesem Hintergrund heben sich die Sympathiekundgebungen zwischen Juden und Arabern wie ein Lichtstrahl ab, die aufrichtig an die Würde des Menschen und an seine Rechte glaubten und glauben. Ein Beispiel dafür war das Zelt der Trauer, das zum Zeichen der Solida-

---

* Gebiet nordöstlich von Tel Aviv, in dem es arabische Ortschaften gibt

rität und der Identifikation mit den Familien der Ermordeten von Hebron errichtet wurde und das 24 Stunden am Tag geöffnet war. Ein Zelt wurde auch in Jaffa aufgestellt, in einer Stadt, die Zeuge stürmischer Demonstrationen gegen das Massaker gewesen war. Um das Zelt herum fanden verschiedene Solidaritätsaktionen im Zeichen einer friedlichen und gleichberechtigten Koexistenz zwischen den beiden Völkern statt.

In den Augen der Regierung war die Abwendung einer Schädigung von Israels Image das Wichtigste. Shimon Peres verlieh dieser Befürchtung auf der Sitzung des Parlamentsausschusses für Äußeres und Sicherheit Ausdruck, als er sagte, wie schädlich es für Israel sei, wenn jeder auf der Welt Bilder palästinensischer Leichen sehen könnte. Und um den Schaden zu mindern, müsse man den Eindruck erwecken, es handele sich nur um einen Verrückten und eine Handvoll seiner Anhänger, ferner, daß alle übrigen, das gesamte Volk, das Massaker verurteilten und davon abgestoßen seien. Die internationalen Medien halfen bei der Verbreitung dieser gefährlichen Selbsttäuschung.

Aber wer das Übel bekämpfen will, ist verpflichtet, die Wahrheit darüber zu sagen und nicht vor ihr davonzulaufen.

Die Reaktion der Palästinenser, der UNO und anderer auf das Massaker

Sofort nach dem Massaker, das tiefe Erschütterung und Zorn unter der palästinensischen Bevölkerung hervorrief, gab die Vereinigte Führung der Intifada einen Aufruf zu einem dreitägigen Generalstreik in den besetzten Gebieten und zu einer Trauerwoche heraus.

Kaum hatte sich die Nachricht vom Massaker verbreitet, da strömten die Menschen aus allen Teilen der Westbank zu den Krankenhäusern, um Blut zu spenden. Die Soldaten umzingelten die Krankenhäuser und verhängten eine Ausgangssperre über die gesamte Westbank. Die Leute kamen trotzdem zu den Krankenhäusern. Es kam zu Zusammenstößen mit der Armee. So schossen zum Beispiel Soldaten vor dem Krankenhaus Beit Dschala auf die Menschenmenge, verwundeten zwölf Personen und töteten Muhammad Yussuf Ghetiye.

Alle Gruppierungen der palästinensischen Bevölkerung beteiligten sich an den Protestdemonstrationen. Tausende von Soldaten wurden losgeschickt, um den Protest zu unterdrücken, und in der ersten Woche nach dem Massaker wurden nochmals 16 Personen getötet.*

Die PLO verhängte von Tunis aus drei Tage Trauer und rief zum Generalstreik der Palästinenser in der gesamten arabischen Welt auf. Sie klagte die israelische Staatsführung an, für das Massaker verantwortlich zu sein. Der

---

* AIC, a.a.O.

PLO-Vorsitzende Yassir Arafat verlangte eine Sondersitzung des UN-Sicherheitsrats, um über einen internationalen Schutz für die Palästinenser in den besetzten Gebieten zu beraten. Er sagte, daß die israelische Armee die Verantwortung für das Massaker trage und daß das Massaker den Friedensprozeß gefährde. Ein führendes Mitglied der PLO, Yassir Abed Rabbo, wies darauf hin, daß die internationale Präsenz, die die PLO fordere, notwendig sei, um die Palästinenser zu überzeugen, daß auch *ihre Sicherheit* gewährleistet werden müsse. Er forderte die Entwaffnung aller Siedler und das Verbot für sie, palästinensische Städte und Dörfer zu betreten, desgleichen die Auflösung aller Siedlungen und an erster Stelle von Kiryat Arba.

Der Vorsitzende des Obersten Islamischen Rats, Hassan Tahboub, beschuldigte die israelischen Behörden der Komplizenschaft an dem Massaker, weil die Armee Goldstein, obwohl er bewaffnet war, Zutritt in die Moschee gewährt hatte und weil sie ihn dort fünf Minuten lang hatte schießen lassen, ohne daß Soldaten in irgendeiner Form eingegriffen hätten.

Die Palästinenser streikten während der Trauerwoche und gaben bekannt, daß eine Kommission im Auftrag der PLO das Massaker untersuchen würde. Auch der Islamische Stiftungsrat (Waqf) setzte eine Untersuchungskommission ein. Die Untersuchung des Massakers durch die Palästinenser wurde von den Behörden behindert, worüber ich im weiteren noch berichten werde.

In Amman in Jordanien forderten zwei Mitglieder des Exekutivkomitees der PLO, die PLO solle die Fortsetzung ihrer Beteiligung an den Verhandlungen mit der israelischen Regierung neu überdenken. So gab Suleiman Nadschab dem Pressedienst von Reuters folgende Erklärung:

> Angesichts des Massakers muß die PLO-Führung den ganzen Friedensprozeß neu bewerten und seine Vorteile abwägen ... Das Massaker zeigt, daß der gegenwärtige Verhandlungsprozeß nur ein Rauchvorhang für die Besatzungsbehörden und Siedler ist, hinter dem sie ihre Verbrechen fortsetzen. Die israelische Regierung ist für das Massaker verantwortlich, weil sie die ihm vorausgehenden kriminellen Aktivitäten ihrer Siedler ignorierte. Obwohl die Gewalttaten der Siedler direkt vor den Augen der israelischen Regierung begangen wurden, hat diese nichts gegen sie unternommen, ihnen vielmehr zu verstehen gegeben, daß sie sich ihrer stillschweigenden Unterstützung erfreuen können.

Die »Partei des palästinensischen Volkes«, die den Friedensprozeß unterstützt, veröffentlichte eine Erklärung, in der sie zum Abbruch der Gespräche mit Israel aufrief: »Es sind nicht die Siedler, die Sicherheit und Schutz brauchen, sondern die Opfer der Siedler, das heißt, das palästinensische Volk in den besetzten Gebieten«, sagte der Parteivorsitzende Baschir Barguti. Er fügte hinzu, daß alles, was die israelische Führung sage, nur Heuchelei sei. »Wir brauchen internationalen Schutz, weil die israelische Armee die Siedler unterstützt und wir uns nicht auf sie verlassen können.«

Einer der Sprecher der PLO, Feisal Husseini, wies darauf hin, daß das Problem der Siedlungen jetzt, nach dem Massaker, an der Spitze der Tagesordnung der Gespräche mit Israel, noch vor allen anderen Punkten stehen müsse.

»Es ist kein Frieden *mit* den Siedlungen möglich«, sagte Husseini.

Die palästinensische Opposition forderte den Abbruch der Gespräche mit Israel und die Annullierung des Osloer Abkommens. Die Oppositionsführer behaupteten, daß das Massaker die zwangsläufige Folge des Osloer Abkommens sei, da dieses Abkommen der Besetzung, den Siedlungen und den Siedlern Legitimation verliehen habe. (Einschätzungen wie diese hörte ich auch während meines Besuchs in den besetzten Gebieten 1994.) Die Opposition machte die israelischen Behörden für das Massaker verantwortlich, rief zu einer Wiederaufnahme des Volkskampfes auf und zu einer Bekräftigung der nationalen Grundsätze der Palästinenser. Sie forderte die internationale Gemeinschaft und den UNO-Sicherheitsrat auf, den Palästinensern bis zum israelischen Rückzug aus den besetzten Gebieten Schutz zu gewähren.

Inzwischen verschlimmerte sich die Lage in Hebron noch mehr. Die *Jerusalem Times* schrieb am 4. März 1994, daß die Vereinigung Palästinensischer Ärzte Hebron zum medizinischen Notstandsgebiet erklärt habe:

> Die Ärzte sagten aus, daß die Einschränkung der Bewegungsfreiheit der Ambulanzen in Hebron und der Mangel an medizinischer Ausrüstung und Medikamenten in den Krankenhäusern dazu geführt hat, daß sich die Zahl der Toten erhöhte.
>
> Der Vorsitzende der Ärztevereinigung, Farouk Abdul Rahim, bestätigte, daß einige der Verwundeten starben, weil sie nicht rechtzeitig in ein Krankenhaus transportiert werden konnten oder weil die Krankenhäuser, die sehr

schlecht ausgerüstet sind, die notwendige medizinische Versorgung nicht leisten konnten.

Abdul Rahim kritisierte die Restriktionen, die die israelischen Behörden den Gesundheitsdiensten in den besetzten Gebieten auferlegen. Palästinensischen Ärzten und Sanitäterteams sei es zum Beispiel nicht gestattet, sich frei zu bewegen und ihren Dienst zu versehen.

Er kritisierte auch, daß die staatlichen Hospitäler auf allen Gebieten mangelhaft ausgerüstet sind, sowohl was Ambulanzen als auch moderne medizinische Geräte betrifft. Ferner fehlten in den Krankenhäusern dringend benötigte Spezialisten.

Die Palästinensische Ärztevereinigung gab auch eine Erklärung heraus, in der stand, daß die Palästinenser seit der Tragödie unter Ausgangssperre stehen und daß die israelischen Behörden und Siedler weiterhin Bewohner schikanieren und töten.

Das Komitee des Internationalen Roten Kreuzes stellte fest, daß sich die Lage in Hebron nach dem Massaker verschlechtert hatte, und bat Israel, die Situation »zu korrigieren«. In einer Verlautbarung des Roten Kreuzes wurde auch Kritik an Israel geübt, daß Soldaten eines der Krankenhäuser als »Schießstand« benutzt hatten, wobei vier Menschen getötet worden waren, Mitglieder der Hamas, wie es hieß. Das Rote Kreuz bezeichnete dies als Verstoß gegen die Grundsätze des humanitären Internationalen Rechts und forderte, das erschwerte Leben der Einwohner Hebrons wieder einer Normalisierung zuzuführen.

Amnesty international wandte sich mit der Forderung an Israel, zu überprüfen, wie sich seine Streitkräfte in den besetzten Gebieten verhielten, nachdem ihnen in den letzten sechs Jahren gestattet worden war, scharfe Munition zu benutzen.

Die Internationale Juristenkommission in Genf verurteilte das Massaker und wies darauf hin, sie sei nach wie vor der Ansicht, daß »die israelischen Siedlungen in den besetzten Gebieten nicht nur illegal, sondern auch eine Bedrohung für Frieden und Sicherheit in der Region sind. Die systematische Bewaffnung der Siedler bereitet die Bühne vor, auf der solche Akte der Unmenschlichkeit stattfinden«.

Die ohnehin schon starke Unterstützung des Staates Israel durch die Vereinigten Staaten nahm während dieser Zeit eher noch zu. Washington griff zur Hinhaltetaktik, was die Entscheidung des Sicherheitsrates über das Massaker von Hebron anbelangte. »Die USA glauben, daß die palästinensischen Forderungen nach einer internationalen Truppe, die über den Frieden wacht, und die Entwaffnung der Siedler der Sache nicht zweckdienlich sind«, sagte der Sprecher des State Department, Mr. Curry, lakonisch. »Die Tagesordnung der Gespräche muß der ›Prinzipienerklärung‹ entsprechen. Wir können nicht zulassen, daß uns der Extremismus die Tagesordnung der Gespräche diktiert.«

Die Absicht war klar – Israel mußte vor der palästinensischen Forderung gerettet werden, das Thema Siedlungen und internationalen Schutz endlich in die Tagesordnung mitaufzunehmen. Was für eine Heuchelei und Verdrehung des Sachverhalts den berechtigten Forderungen der Opfer, der Palästinenser, mit der Behauptung auszuweichen, ihre Erfüllung käme einem Kniefall vor dem Extremismus gleich!

Die Regierung Präsident Clintons, die pro-israelischste die es bisher gab, tat alles, damit die Entscheidung, die im UN-Sicherheitsrat gefällt wurde, zahnlos blieb. Der Beschluß wurde am 18. März 1994 verabschiedet.

Der Sicherheitsrat der Vereinten Nationen verurteilte das Massaker und forderte eine »temporäre internationale oder landfremde Präsenz« zum Schutz der Palästinenser in den (besetzten) Gebieten. Ferner ermahnte er die israelische Regierung, Schritte zur Entwaffnung der Siedler einzuleiten. Die Botschafterin der Vereinigten Staaten bei den Vereinten Nationen, Madeleine Albright, ließ, um einen Boykott der Friedensverhandlungen durch die PLO abzuwenden, die Resolution ohne amerikanisches Veto passieren (...) Die Resolution, die nach wochenlangen unermüdlichen Konsultationen formuliert wurde, »verurteilt« das Hebron-Massaker und seine Folgen »auf das schärfste« und fordert Israel dazu auf, Maßnahmen zu ergreifen, inklusive der Beschlagnahme von Waffen, um weiterer Gewalt durch die Siedler vorzubeugen. Die Resolution fordert auch Maßnahmen zur Garantie der Sicherheit der palästinensischen Bevölkerung, unter anderem eine »temporäre internationale oder landfremde Präsenz, die in der Prinzipienerklärung vorgesehen war«, und bittet Rußland und die Vereinigten Staaten, ihre Bemühungen zu intensivieren, »den Friedensprozeß zu stärken«, während der Sicherheitsrat gleichzeitig seine Unterstützung für den Friedensprozeß und eine schnelle Anwendung der Prinzipienerklärung bekräftigt.

Bei einer von der amerikanischen Delegation geforderten paragraphenweisen Abstimmung über die Präambel der Resolution (solch ein Verfahren ermöglichte es den USA, festzustellen, wer gegen den Präambel-Paragraphen war, der Jerusalem als Teil der besetzten Gebiete beschreibt), wurde jeder Paragraph einstimmig angenommen

> – nur die USA enthielten sich zweimal der Stimme. Die ganze Resolution wurde dann »ohne Abstimmung« angenommen. Dieses Verfahren war wiederum vorteilhaft für die USA, denn es ersparte ihren Delegierten, für oder gegen die Resolution stimmen zu müssen.
>
> Viele waren erstaunt, daß sich die Botschafterin Albright bei dem Präambel-Paragraphen, der zu einer Verstärkung der Sicherheit für die Palästinenser aufruft, der Stimme enthielt. Die zweite Enthaltung wurde damit erklärt, daß die USA gegen jedwede Präsenz internationaler Streitkräfte in den (besetzten) Gebieten seien. Die Botschafterin gab am Ende den Delegierten zu verstehen, daß die Vereinigten Staaten ein Veto gegen das ganze Dokument eingelegt hätten, wenn sich die (von ihr) beanstandeten Paragraphen im operativen Teil* der Resolution und nicht in der Präambel befunden hätten.**

US-Präsident Clinton zeigte damit deutlich, was er für Israel zu tun bereit ist, und nicht zuletzt, wie eine Verurteilung des Massakers reines Lippenbekenntnis bleiben kann: Israel muß doch – Gott bewahre – keine einzige Siedlung aufgeben, und es muß auch keinen internationalen Schutz für die Palästinenser zulassen, obwohl dieser Schutz vom Völkerrecht gefordert wird, ein Recht, das Israel bricht. Die doppelte Moral der US-amerikanischen Politik offenbarte sich hier in ihrer ganzen Häßlichkeit.

Und so gebar der Berg eine Maus, die aus der »Temporary International Presence«*** (TIPH) bestand, einer

---

* Im operativen Teil einer Resolution werden üblicherweise konkrete Forderungen gestellt; die Präambel, die Einleitung, skizziert zumeist nur Sachverhalte.

** Quelle: PHRIC

*** Zeitweilige internationale Präsenz

Gruppe von Norwegern, Dänen und Italienern. Diese 161 Leute kamen am 8. Mai 1994 für die Dauer von drei Monaten nach Hebron. Sie waren unbewaffnet, und ihr Auftrag war, das Geschehen in der Stadt zu beobachten und eine *Atmosphäre* der Sicherheit für die Palästinenser zu erzeugen.

Bei meinen Gesprächen mit Aktivisten der Menschenrechtsorganisationen in Israel hörte ich, wie machtlos TIPH gewesen sei; dasselbe hörte ich auch in Hebron. Die Aktivisten teilten mir mit, daß sie zwar auf guten Willen stießen, wenn sie sich an TIPH wandten, daß diese Gruppe aber nicht in der Lage war, zu helfen.

Die Mannschaft der TIPH erklärte ihre Machtlosigkeit damit, daß sie nicht nach Hebron gekommen wären, um das Internationale Recht zu erzwingen. Einige unter ihnen meinten aber, ihre Präsenz in Hebron sei nichts als Geldverschwendung und diene hauptsächlich dazu, Arafat an den Gesprächstisch zurückzubringen.

Die Palästinenser beugten sich den Bedingungen und nahmen die Gespräche mit Israel wieder auf. Kein Siedler wurde aus Hebron entfernt, im Gegenteil, es zogen noch mehr Siedler in die Stadt, und Israel fuhr damit fort, sich in den besetzten Gebieten festzukrallen und Grundbesitz zu diesem Zweck zu enteignen, und das Leben in Hebron wurde noch schwerer als vor dem Massaker – doch davon mehr in einem anderen Kapitel.

Ich möchte noch einmal kurz auf die Vereinigten Staaten zurückkommen, aus denen auch andere Stimmen als die bisher angeführten drangen. Paul Findley, ehemaliger Kongreßabgeordneter der demokratischen Partei, der gegen die jüdisch-zionistische Lobby in den USA kämpfte, was ihm seinen Abgeordnetensitz kostete, schrieb folgendes über J. P. Moran, ein Mitglied des Kongresses und über dessen Reaktion vom 10. März 1994 auf das Massaker in Hebron:

> Der Abgeordnete Moran sprach beredt eine Warnung aus, die von allen Amerikanern, insbesondere den Staatsbeamten Washingtons, beherzigt werden sollte. Er machte die Vereinigten Staaten direkt für die Greueltat verantwortlich und sagte: »Greueltaten dieser Art wird es weiterhin geben, es sei denn, die Vereinigten Staaten üben ihren Einfluß ohne politische Rücksichtnahmen aus, motiviert allein durch die Prinzipien der Gerechtigkeit und der Menschenrechte (...)«*

Bedauerlicherweise gibt es keinerlei Anzeichen dafür, daß Morans mutige Warnung Beachtung findet. Präsident Clinton, wegen Korruptionsvorwürfen zu seiner Gouverneurszeit in Arkansas gebeutelt, übt auch weiterhin nicht den geringsten Druck auf Israel aus, seine jüdischen Siedlungen zu räumen. Eine »Einflußnahme ohne politische Rücksichten« ist nicht zu erkennen. Die Supermacht der Welt folgt ein weiteres Mal unterwürfig der israelischen Direktive, anstatt zu fordern, daß ihr Klientelstaat sich bei der Behandlung der Palästinenser an die Regeln der Gesetze halten muß.

Denn diese sinnlosen Akte der Brutalität wurden nicht von einem Individuum allein begangen, es sind – gerade im Fall des Massakers in der Moschee in Hebron – kollektive Taten, Taten der Komplizenschaft in einem Gestrüpp von Unrecht. Dennoch hat Clinton nicht ein einziges Mal die Siedlungen als illegal bezeichnet.

---

* Zit. in: The Washington Report on the Middle East, Juni 1994

Die Siedler in Hebron feierten weiterhin ihren Sieg, und die Regierung Israels fuhr damit fort, sich mit den Federn ihres falschen Friedens zu schmücken, dank der Großzügigkeit Präsident Clintons. Und Hebron blieb zurück in seinem Schmerz, Zorn und Leid.

Said Maddie, Fahmi Shahin und Felicia Langer an einem der abgeriegelten Eingänge zur Moschee in Hebron (Oktober 1994)

Die israelische Untersuchungskommission

Am 27. Februar 1994 schickte der israelische Ministerpräsident Rabin dem Präsidenten des Obersten Gerichtshofes, Meir Schamgar, ein Schreiben, in dem er ihn aufforderte, eine Untersuchungskommission zur Aufklärung des Massakers in Hebron einzurichten, in einer, wie es hieß, »Angelegenheit vitaler öffentlicher Bedeutung«. Die Ergebnisse der Untersuchung und die Schlußfolgerungen sollten festgehalten werden. Daraus abgeleitet sollten der Regierung Empfehlungen (»bei allem, was die Kommission für richtig befindet«) gemacht werden.

Rabins Brief wurde auf Seite 9 der Einleitung zu einem 388 Seiten starken Band veröffentlicht, der den Bericht besagter Schamgar-Kommission enthält, wie sie abgekürzt in der israelischen Presse bezeichnet wurde.

Am 28. Februar ernannte der Richter Schamgar die anderen Kommissionsmitglieder: Elieser Goldberg, Richter des Obersten Gerichts in Jerusalem seit 1984, den Richter des Bezirksgerichts von Nazareth, Abd al-Rahman Soabi, Professor Menachem Yari, Leiter der Volksuniversität, Direktor der Akademie der Wissenschaften und Kunst und Anhänger von »Frieden jetzt«, und den General Mosche Levi, der 1967 die Golan-Brigade befehligte, am Sinai-Krieg und auf den Golanhöhen als Einsatzoffizier teilnahm. In den Jahren 1968 bis 1970 war er für die Verhinderung der Infiltration im Jordantal verantwortlich, und 1983 bis 1987 amtierte er als Generalstabschef.

Der Vorsitzende der Kommission, Meir Schamgar, war einst oberster Militäranwalt. Er gab die Richtlinien für die israelische Eroberungsstreitmacht Jahre vor der Besatzung heraus und war ab 1968 Berater für das Sicherheitssystem. 1975 wurde er zum Richter am Obersten Gericht ernannt und ab 1983 zum Präsidenten des Obersten Gerichtshofes.

Am Tag, an dem die Kommission ihre Beratungen aufnahm, erschien ein Leitartikel in *Davar* am 8. März 1994, der die Schlußfolgerungen der Kommission vorwegnahm: Sie würden lauten, Goldstein hätte allein agiert. In diesem Artikel wurde Richter Schamgar als Oberster Militäranwalt beschrieben, der die Schubladenakte für die Besetzung der Gebiete vorbereitet hatte, die nach dem Sechs-Tage-Krieg Verwendung fand. Wie »intensiv« diese Richtlinien verwendet wurden, kann ich aus eigener Erfahrung bezeugen.

Zu Richter Schamgar wäre noch so manches zu sagen, zum Beispiel, daß er Mitglied des Koordinationsausschusses war, des ersten Gremiums, das die israelische Führung über die besetzten Gebiete koordinierte. Er war es auch, der den Ausdruck »verwaltete Gebiete« (Administered Territories) erfand, anstatt »besetzte Gebiete«, wie sie in den Texten des Internationalen Rechts bezeichnet werden.

In der Einleitung des Schamgar-Berichts wird unter anderem gesagt: »Die Kommission hielt 31 Sitzungstermine ab und hörte 106 Zeugen, teilweise auf Initiative der Kommission, teilweise wegen ihrer Anträge. 16 Zeugen wurden nur – oder zum Teil – hinter verschlossenen Türen gehört. Die Kommission führte an einem ihrer Arbeitstage eine gründliche Exkursion in der Machpela-Höhle und Umgebung durch.«

In Rabins Brief an Schamgar war gewünscht worden, daß die Kommission die »Tatsachen und Umstände des Massakers« in der Machpela-Höhle/Ibrahimi-Moschee untersuchen und Ergebnisse und Schlußfolgerungen festhalten sollte. Da von »Umständen« die Rede war, hätte durchaus die Möglichkeit bestanden, den Hintergrund des Massakers, nämlich die jüdischen Siedlungen, einer Untersuchung zu unterziehen, da ja der Schlächter ein Siedler und die Gemetzelten die Bewohner einer Stadt in den besetzten Gebieten waren. Doch die Kommission ignorierte diesen Hintergrund und begann ihre Untersuchung mit dem Tatzeitpunkt des Massakers.

Nicht weniger gravierend ist, daß die Kommission keinen Vorwurf formulierte, daß Beweise umgehend beseitigt worden waren, daß der Tatort, wie bereits berichtet, gesäubert wurde, ganz so, als sei es ein üblicher Vorgang, Beweise am Ort des Verbrechens zu beseitigen, und den Tatort in seinen vorherigen Zustand zurückzuversetzen, noch ehe jemand mit einer Untersuchung beginnt.

Die Aussagen der Palästinenser vor der Kommission über Goldsteins Tat, wurden im allgemeinen für glaubwürdig gehalten, nicht jedoch ihre Aussagen über Schüsse von Soldaten oder über weitere Personen, die geschossen oder Goldstein geholfen haben sollen. Die Zeugen gaben dennoch zu Protokoll, daß Soldaten geschossen hatten, teils in die Luft, teils aber auch auf die Menschen, und daß sie Personen gesehen hatten, die durch Schüsse der Soldaten verletzt worden waren.

Die Soldaten selbst gaben sogar zum Teil zu, tatsächlich geschossen zu haben, doch nur, wie zwei Soldaten,

Kobi und Niv, aussagten, in Richtung Eisentür, an die Decke (S. 45) oder in die Luft. Oberleutnant Mosche Revivi erklärte, daß die Soldaten keinen Schießbefehl erhalten hätten, jedoch schossen, weil sie sich in Lebensgefahr glaubten (S. 46). Und danach, »als sie zu schießen aufhörten, sammelten Kobi und Niv die Patronenhülsen vom Boden auf, weil sie sahen, daß die Araber sie einsammeln wollten, sie es jedoch vorzogen, sie in ihrem Besitz zu haben«.

Wie wir sehen, galt das Motto »Sicher ist sicher«, Hauptsache, die Opfer kommen an keine Beweise. Die Kommission verlor kein Wort über diese Soldaten, die in dem blutigen Chaos am Tatort Patronenhülsen einsammelten anstatt den Opfern zu helfen.

Die Aussagen der Palästinenser über einen weiteren Schützen neben Goldstein, wie auch die von Kobi und Niv, die noch einen bewaffneten Mann gesehen hatten, der Goldstein offenbar unterstützte, wurden als nicht glaubwürdig zurückgewiesen, desgleichen die Aussagen, daß aus verschiedenen Richtungen geschossen worden war.

Im Abschnitt über die Verantwortung für das Massaker und über die Frage nach einer Unterstützung des Anschlags (S. 222) stellt der Bericht fest:

> Dr. Goldstein trägt die direkte Verantwortung für das Massaker, denn die Beweise sprechen eindeutig dafür, daß er es ausführte. (...) Wie aus den uns vorliegenden Beweisen hervorgeht, agierte er als einziger Ausführender (...) Zur Verwirklichung seines Ziels machte er vollen Gebrauch von Prestige und Vertrauen, die er aufgrund seiner Tätigkeit als Arzt und Reserveoffizier erworben hatte. (S. 223)

Wie der Leitartikel in *Davar* vorausgesagt hatte, war Goldstein der alleinige Täter für die Kommission. Das Prestige, das sich Goldstein in seiner Eigenschaft als Arzt erworben hatte, setzte die Kommission als selbstverständlich voraus, obwohl er sich geweigert hatte, Araber zu behandeln und obwohl Klagen und Strafanzeigen, auch im Zusammenhang mit der Ibrahimi-Moschee, gegen ihn vorlagen. Die Frage, was ein Mann mit solchem Prestige in der Armee zu suchen hatte, wurde nicht gestellt.

Die palästinensischen Zeugen sagten vor PHRIC und auch vor der Schamgar-Kommission aus (und ebenso vor der Untersuchungskommission der PLO), es habe durch die Armee verursachte Verzögerungen beim Transport der Verletzten in die Krankenhäuser gegeben. Trotzdem sah die Kommission keinerlei Fehlverhalten bei der Armee.

Ein israelischer Armeesanitäter sagte vor der Kommission aus, daß eine erregte Menge an der Stelle, an der viele Verwundete lagen, ihm diese Verwundeten entrissen und sie ins Autos gelegt hätten, um sie ins Krankenhaus zu bringen. Der Sanitäter schoß in die Luft, um, wie er sagte, die Menge zu warnen und eine ordnungsgemäße Versorgung der Verletzten zu ermöglichen. Die Schüsse halfen jedoch nichts, notierte die Kommission. Man verlor aber kein Wort darüber, daß das wohl kaum der geeignete Ort war, um Schüsse in die Luft abzugeben.

Die Kommission stellte fest, es lägen zwar Beschwerden über Behinderungen *eines* Rettungsfahrzeugs bei der Durchfahrt der Sperren aufgrund von Kontrollen vor, daß dies aber nur eine Folge der Sicherheitslage war und daß die Sonderbefehle für die Durchfahrt von Krankenfahrzeugen mit Opfern des Massakers verspätet bei den Sperrposten eintrafen.

Wie sehr die Kommission bereit war, das Verhalten der Armee zu rechtfertigen, beweist ihre Haltung zur Beschwerde von Dr. Abu Ramile. Ich zitiere sie hier, zusammen mit der Erwiderung der Kommission (S. 98):

> Dr. Muhammad Rateb Salama Abu Ramile, Leiter des Krankenhauses Al-Ahli, wohnhaft im Schu'fat-Viertel (Ostjerusalem – F. L.), mußte am Morgen des Massakers dringend von Jerusalem aus ins Krankenhaus gelangen. In einer Mitteilung, die er dieser Kommission übergab, beschrieb Dr. Abu Ramile seine Fahrt von Jerusalem nach Hebron. Laut seinen Worten versuchte er, mit seinem Privatfahrzeug auf einigen alternierenden Routen nach Hebron zu fahren, stieß aber jedesmal auf einen Straßenposten, der ihm den Weg versperrte und keine Erlaubnis zur Durchfahrt gab (in Gilo, Beit Sahour und in El-Arub). An einer Absperrung, an der er zur Umkehr angewiesen worden war, wurde ihm später die Durchfahrt erlaubt, ihm jedoch auch hier durch eine andere Sperre der Weg abgeriegelt. Zum Schluß fuhr Dr. Abu Ramile mit einer der Krankenhaus-Ambulanzen, die nach Hebron zurückkehrte, nachdem sie Verletzte ins Al-Makassed-Krankenhaus gebracht hatte, passierte so die Absperrungen und gelangte (mit Verspätung) an seinen Bestimmungsort.
>
> Diese Schilderung, an deren Glaubwürdigkeit wir keinen Grund haben zu zweifeln, illustriert die Schwierigkeit, in die die Sicherheitskräfte manchmal bei der Suche nach dem richtigen Gleichgewicht zwischen verschiedenen Aufgaben gerieten, die sich alle letztendlich aus der Notwendigkeit ableiteten, Menschenleben zu schützen.

Die Mitglieder der Kommission hatten offenbar nichts von den Dutzenden verwundeten und toten Palästinensern an den Absperrungen gehört oder gelesen, über die sich palästinensische und israelische Menschenrechtsorganisationen erbittert beklagt hatten, sondern waren bereit, den Soldaten an den Absperrungen eine gute Gesamtnote als Lebensschützer auszustellen, selbst in diesem Fall, wo ein Arzt, der die Opfer des Massakers behandeln wollte, in dessen Hand es vielleicht gelegen hätte, noch irgendeinen von ihnen zu retten, an der ungestörten Durchfahrt gehindert wurde.

Anschließend wird in dem Bericht (S. 90) die Ansammlung von »wütenden, vielleicht auch aufgehetzten Bürgern im Bereich des Ahli-Krankenhauses« geschildert.

In diesem Zusammenhang von »aufgehetzt« zu sprechen, ist mehr als merkwürdig, als hätte das Massaker nicht ausgereicht, um jeden Menschen in Erregung zu versetzen. Doch der Kommission schien nur dieser feindselige Ausdruck für entsetzte und zornige Palästinenser geeignet, ganz so, als wären sie Instrumente in den Händen einer anonymen Macht gewesen, die sie aufhetzte.

Die Demonstranten, so der Bericht, warfen Brandsätze und wollten die Straße abriegeln. Die Soldaten fühlten ihr Leben bedroht und gaben den Befehl, scharf zu schießen, das Gewehr in die Luft gerichtet (S. 90). »Durch das Feuer wurden vier Bewohner getötet und 15 verletzt.«

Ich lade den Leser ein, ein weiteres Mal die Aussagen des Journalisten Yoram Binur und anderer im Kapitel »Nach Goldstein kein Ende« nachzulesen, die die Version, für die schießenden Soldaten hätte Lebensgefahr bestanden, widerlegten. Die Kommission wurde nicht stutzig, daß Schüsse in die Luft zu Toten und Verletzten führten.

Laut Ansicht der Kommission gab es keinerlei Störung der Arbeit der Ärztemannschaften in den Krankenhäusern. Was das Krankenhaus Al-Ahli anbelangt, verweise ich auf Dr. Nufus Kawasmes Aussage, die sie während meines Aufenthalts in Hebron mir gegenüber machte, über die Ärzte, die während sie Schüsse hörten, arbeiten mußten und wußten, es würden weitere Verletzte ins Krankenhaus gebracht werden, und es würde auch weitere Tote geben. Die Tatsache selbst, daß es im Einzugsbereich des Krankenhauses Tote und Verletzte gegeben hatte, ignorierte die Kommission jedoch völlig.

Die Kommission widmete ein Kapitel dem historischen Hintergrund der Machpela-Höhle, den ich auszugsweise im Anhang des Buches wiedergebe. Bei dem Hintergrundmaterial gibt es keinerlei Erwähnung der Gründung jüdischer Siedlungen in Hebron als Folge der Besetzung 1967, so als hätte die Besatzermacht ihre eigene Bevölkerung ganz nebenbei und mit vollem Recht in die eroberte Stadt gebracht, um deren religiösen Bestrebungen Genüge zu tun.

Die Regelungen über die Mitnahme einer Waffe in die Machpela-Höhle waren den Regierungskreisen, die mit der Sache zu tun hatten, bekannt (S. 134). Einer der Zeugen, Oberst Gallant, sagte in einem der Kommission vorgelegten Bericht:

> Seit Anfang 1981 war praktisch für Juden der Eintritt mit einer Waffe in die Grabhöhle generell an allen Wochentagen erlaubt, doch mit der Anweisung, sie vor dem Betreten abzulegen (...) Mit dem Befehl von 1982 gaben wir den

Einwohnern Kiryat Arbas die Erlaubnis, die Höhle an allen Wochentagen mit der Waffe betreten zu können.

Im Kapitel mit den Schlußfolgerungen des Berichts wird festgehalten (S. 239), »die Lehre daraus ist, daß auch Militärangehörigen – außer der Wachmannschaft der Höhle und dem Sicherheitsdienstpersonal –, das Tragen einer Waffe in der Höhle verboten sein sollte«.

Unter der Überschrift »Erwartung, Vorausschau und Warnung« (S. 145) stellt der Bericht fest, daß die diversen Sicherheitskräfte das »Massaker in der Machpela-Höhle nicht voraussahen und deshalb auch nicht vor einem solchen bevorstehenden Massaker gewarnt hätten«.

Eine davon getrennte und andere Frage ist, ob man denn nicht generell die Möglichkeit eines mörderischen Anschlags gegen Araber durch einen Juden hätte erwarten können oder müssen.

Im Jahr 1993 fanden mehrere Beratungen unter hochrangingen Verantwortungsträgern statt, bei denen die Gefahr diskutiert wurde, es könnte ein Mordanschlag gegen Araber von einer Person verübt werden, die den jüdisch-extremistischen Kreisen angehört oder von einer Gruppe von Personen aus diesen Kreisen.

Nach diesen schwerwiegenden Sätzen zitiert die Kommission die Worte Zvi Katzovers, des Bürgermeisters von Kiryat Arba, aus *Haaretz* vom 8. November 1993, die ich bereits anführte, über den Juden, der in ein arabisches Dorf einfällt und 30 bis 40 Araber niedermäht, nur weil die Siedler nicht genügend geschützt würden. Das ist auch schon das ganze Resümee der Kommission zu diesem Thema, und damit ist das Kapitel auch schon zu Ende. Keinerlei Hinweis auf die Feststellung, die sich aus der Einleitung oben ergibt, daß angesichts dieser generellen Erwartung die Notwendigkeit, ja sogar der Zwang bestanden hätte, alle vorbereitenden Maßnahmen zu ergreifen – vielleicht sogar Personen, die eine potentielle Gefahr darstellen, zu verhaften, oder an gefährdeten Orten wie der Ibrahimi-Moschee/Machpela-Höhle Sicherheitsmaßnahmen zu ergreifen. Weshalb wurde hier nicht konstatiert, daß sich Regierung und Armee nachlässig verhalten hatten, was dazu beitrug, daß das Verbrechen ausgeführt werden konnte? Warum wurde hier kein Vorwurf laut, wird sich jeder vernünftige Mensch fragen. Im Bericht der Kommission gibt es keine Antwort darauf.

Zu allem Überfluß wird, wenn von der Verstärkung der Alarmbereitschaft an sensiblen Orten geredet wird (S. 149–150) – wobei die Ibrahimi-Moschee/Machpela-Höhle als ein solcher Ort eingestuft wird – vermerkt, daß der Ort wirklich bestens gesichert sei; es gäbe dort einen Metalldetektor, eine Rundlaufkamera, für die Bewachung sei eine ständige Militärtruppe abgestellt. Kurz gesagt, so die Kommission, »ist zu bezweifeln, ob es mit Ausnahme des Tempelbergs andere Orte gibt, zu deren Absicherung so viele Mittel und Mühe eingesetzt wurden«.

Diese Feststellung ist doppelt interessant, wenn man weiß, daß sich ausgerechnet an diesen beiden Orten, am Tempelberg und in der Machpela-Höhle/Ibrahimi-Moschee, Massaker ereigneten.*

---

* Das Massaker am Tempelberg, an der Al-Aksa-Moschee am 8. Oktober 1990; der Grenzschutz und andere töteten 17 Palästinenser und verwundeten Dutzende.

Die ihren Bereitschaftsdienst zu vorgesehener Zeit nicht nachkommenden Polizisten, das verspätete Eintreffen der Grenzschützer, die fehlende Koordination zwischen Grenzschutz und Armee (worüber die Kommission nach Zeugenaussagen sogar berichtet), sowie das Ausmaß an Disziplinmangel werden von der Kommission so zusammengefaßt:

> Die gänzliche Abwesenheit der Sicherheitskräfte zum Zeitpunkt des Massakers war ein unglückseliges Zusammentreffen von Umständen, dessen Wurzeln in Mängeln liegen, die mit der Koordinierung zwischen den verschiedenen Sicherheitskräften und dem Disziplinniveau bei einem Teil von ihnen zu tun hat (S. 232).

Zur Rolle der Polizei und ihrer Koordinierung mit der Armee heißt es:

> Es traten hier Koordinationsmängel zu Tage, mangelnde Weiterverfolgung und Reaktionslosigkeit auf den Zusammenstoß. (S. 243)

Eine zartfühlende Ausdrucksweise, bedenkt man den Sachverhalt. Das Schlimmste von allem ist jedoch, daß daraus keine Schlußfolgerungen gezogen werden.

Verglichen damit spricht der Journalist Yoel Markus (*Haaretz*, 11. März 1994) eine deutlichere Sprache:

> »Was nützten uns Kampfflugzeuge wie die F-15-I, die in der Lage sind, ohne Auftanken nach Teheran und zurück zu fliegen, wenn ein einfacher Wecker in Hebron nicht klingelt? Was nützt uns der »Pfeil«, der die feindlichen Raketen an-

geblich noch in der Luft von ihrer Flugbahn ablenken kann, wenn die Hälfte der Wachen der Machpela-Höhle – nur weil ein Wecker nicht klingelte – in ihren Betten weiterschläft, anstatt auf ihrem Posten zu sein? Hier stellt sich wieder einmal heraus, daß unsere kleine und blitzgescheite Armee, deren weltumfassender Intellekt die Friedensstrategie ausheckt und diktiert und bis ins kleinste Detail unsere zukünftige Front für das Jahr 2020 vorausberechnet, an ihrer banalsten, elementarsten Aufgabe gescheitert ist: den Menschen Sicherheit zu gewährleisten. Der Massenmörder metzelte, und die Wachen schliefen. Schier nicht zu glauben.

Ich kann mich an keine Untersuchungskommission oder Prozesse erinnern, wo bereits bei der ersten Sitzung eine solche Kette von Unterlassungen, Disziplinmängeln, Versäumnissen und Fehlern aufgedeckt worden wäre, wie sie am ersten Sitzungstag der Schamgar-Kommission zutage traten: Die Hälfte der Wachen war abwesend, speziell die Posten, die innerhalb des Grabbereichs und am Eingang präsent hätten sein sollen und die das Massaker vielleicht hätten verhindern können. Der Mechanismus des Eingangstors funktionierte nicht. Die schwenkbare Kameraüberwachung deckte nicht das ganze Areal der Höhle ab. Der erste Eindruck, der entsteht, ist, daß das Militär nichts dazugelernt hat und daß bei den simpelsten, elementarsten Dingen, der Saustall, man möge mir diesen Ausdruck verzeihen, weiterhin fröhliche Urstände feiert.

Im Schamgar-Bericht wird ein Kapitel den »Aktionen zur Minderung von Attentatimpulsen« gewidmet (S. 154). Hier heißt es:

Der Untersuchungskommission wurde Material vorgelegt, das detailliert das typische Porträt des potentiellen Einzel-

> täters beschreibt. Eines der hervorstechendsten Charakteristika des Einzeltäters, handle es sich nun um einen jüdischen oder muslimischen Täter, ist die Tendenz, verzerrten religiösen und ideologischen Ideen anzuhängen (...) Wir haben also zu klären, wie die Verantwortlichen die Bemühung zur Vereitelung der Tatabsicht eines Attentäters handhaben, um auf dieser Ebene des religiösen oder ideologischen Impulses tätig zu werden. Gruppierungen, deren Mitglieder durch religiösen oder ideologischen Fanatismus vereint sind, sind oft auch dadurch charakterisiert, daß sie sich der Herrschaft einer autoritären Führung unterordnen, deren Autorität nahezu widerspruchslos akzeptiert wird.

Es sei vielleicht möglich, so heißt es dann, auf diese, obzwar extremistische, Führung Einfluß zu nehmen und ihr Denken zu zügeln, das dazu angetan ist, bei dem einen oder anderen Motive zur Ausführung eines Attentats entstehen zu lassen.

Diese blauäugigen Worte wurden geschrieben, als längst jedem bekannt war, daß die Rabbinerschaft den jüdischen Terroristen zur Ausführung ihrer Verbrechen ihren Segen gegeben hatte, wie das zum Beispiel schon im Jahr 1980 geschehen war. Und auch später rührte kein Mensch einen Finger, wenn Rabbiner, Mitglieder der »Kach« und »Gusch Emunim«, zum Mord an Arabern aufhetzten, wenn sie eine feindselige und rassistische Halacha gegen die Gojim predigten. Gesetzliche Maßnahmen gegen sie wurden jedenfalls nicht ergriffen.

Bei der Lektüre dieses Kapitels stellt sich einem die Frage, ob es sich hier um eine willentliche Leugnung der Realität oder um ihre massive Verdrängung handelt. Die Mitglieder der Komission scheinen keine Zeitungen zu lesen. Diese waren voll mit Interviews mit Rabbinern und Anführern des von der Kommission skizzierten Schlages.

Der Bericht schneidet zwar das Thema der vorbeugenden Mittel gegenüber Personen an, bei denen das potentielle Risiko für die Durchführung eines Anschlags besteht, einschließlich Haft, stellt aber sofort fest (S. 155), »daß Baruch Goldstein, aufgrund seiner Stellung in Beruf und Gemeinde, nicht als jemand angesehen wurde, von dem die Gefahr einer Gewalttat zu erwarten war«.

Hier muß angemerkt werden, daß Goldsteins Gemeinde, Kiryat Arba, als Ort bekannt ist, in dem einige der bedeutendsten Mitglieder der Jüdischen Terrororganisation aufgezogen wurden. Sie waren alle »teure Söhne«, wie sie Yitzhak Schamir, der Ex-Ministerpräsident, nannte, und auch sie wurden durch Ideologie und Religion zum Mord bewegt, wie auch zu ihrem satanischen Plan, die Moscheen in die Luft zu jagen. Sie alle hatten eine angesehene Position in ihrer Gemeinde.

Wenn ein Mensch wie Goldstein, der abgrundtiefen Haß gegenüber den Arabern predigte, der erklärte, daß er in seiner Eigenschaft als Arzt keinen Araber behandeln könnte, gegen den Strafanzeigen wegen Aktivitäten, auch gewalttätigen, gegen Araber vorlagen (in der zartfühlenden Sprache der Kommission heißt das »Ordnungswidrigkeiten auf politischem Hintergrund«, ein Ausdruck, der allein Juden vorbehalten bleibt, denn nur die Araber sind stets »Unruhestifter« oder »aufgehetzt«), wenn sich so ein Mensch einer guten Position in seiner Gemeinde erfreut, dann sagt das etwas über die Gemeinde aus. Müßte man sich da nicht auch mit solch einer Gemeinde beschäftigen und nicht nur mit der Person Goldstein? Hier schweigt die Komission.

Ein umfangreiches Kapitel in dem Schamgar-Bericht ist der Geltendmachung des Gesetztes in den besetzten Gebieten gewidmet: »Obwohl es kompetente Militärgerichte gibt, gilt die Regel, Anklageschriften gegen Israelis, Bewohner des Bezirks oder Einwohner Israels, die eine Übertretung begangen haben, sind nicht dort im Bezirk, sondern bei den Gerichten innerhalb Israels einzureichen.« (S. 160)

Das Wort »Bezirk« bedeutet hier, mit den Worten der Kommission, Judäa und Samaria, und in der Sprache des Internationalen Rechts sind das die besetzten Gebiete.

Es besteht in der Tat eine Differenz in der Rechtsprechung für Palästinenser und Siedler. Die Begründung des Obersten Militäranwalts für diesen Unterschied ist aufschlußreich:

> Es ist nicht verfassungsgemäß, wenn israelische Bürger vor die Militärgerichte gestellt werden, dies würde auch nichts zur Durchsetzung der Rechtsstaatlichkeit in den Gebieten beitragen. (...) Die Militärgerichte sind ferner bis an den Rand mit Prozessen überlastet, und es ist nicht zu rechtfertigen, diesem System (den Militärgerichten – F. L.) zusätzlich eine große Bürde aufzuerlegen. (S. 169)

Was den ersten Teil dieser Begründung anbelangt, so muß gefragt werden, ob es denn verfassungsgemäß ist, im Widerspruch zum Internationalen Recht Bürger der Besatzungsmacht in den von ihr besetzten Gebieten anzusiedeln und ihnen, wenn sie Straftaten gegen die einheimische Bevölkerung dieser Gebiete begehen, eine unterschiedliche Rechtsprechung zu gewähren. Was den zweiten Teil der Begründung angeht, man wolle den überlasteten Militärgerichten die Arbeit erleichtern – so weiß ich nicht, was hier größer ist, die Heuchelei oder die vorgetäuschte Naivität. Es weiß in Israel schließlich ein jeder, daß den Siedlern bisher nur in den wenigsten Fällen der Prozeß gemacht wurde und daß einem fast der Atem ausgehen kann, bis einer von ihnen endlich vor Gericht gestellt wird, selbst wenn es sich um schwerwiegende Verbrechen handelt. Es besteht deshalb gar keine Gefahr, und es hat auch nie eine bestanden, die Gerichte würden dessentwegen in Verfahren ersticken.

Die Wahrheit, die allem zugrundeliegt, die aber die Kommission geflissentlich übersieht, ist doch die: Palästinenser und jüdischer Siedler werden, was Prozedur und Bestrafung betrifft, unterschiedlich behandelt. Das festzustellen würde die Militärgerichte in ein schlechtes Licht stellen. Das »System« hat ja längst beschlossen, den Siedlern alles zu ersparen, und deshalb akzeptiert die Kommission diese Situation der Apartheid de facto und de jure, ohne ein Wort darüber zu verlieren.

Der Bericht kommt ausführlich auf die Tätigkeit des Teams, das 1981 unter dem Vorsitz der Staatsanwältin Karp im Zusammenhang mit der Geltendmachung des Gesetzes in den besetzten Gebieten Nachforschungen anstellte, und nimmt zur Entscheidung des Obersten Gerichtshofs zum Thema der Besiedlung in »Beit Hadassa« Stellung (s. S. 8 und 72). In diesem Kapitel werden auch

Beschlüsse der Regierung genannt, die im Anschluß an den Karp-Bericht getroffen worden waren, nämlich, daß das Recht in den besetzten Gebieten für *alle* Bewohner in gleichem Maße geltend gemacht werden muß.

Obwohl damals Entscheidungen getroffen und Berichte geschrieben wurden, änderte sich vor Ort gar nichts, wie das folgende Zitat belegt:

> Am 7. Dezember 1986 wiederholte der Ministerpräsident im Namen der Regierung (im Rahmen eines Ministerausschusses zu Sicherheitsangelegenheiten) die Verpflichtungen des Staates, die Ruhe und Sicherheit in Judäa, Samaria und Gaza für alle arabischen und jüdischen Einwohner, die in diesen Gebieten leben und arbeiten, aufrechtzuerhalten, und daß es die Pflicht von Armee und Polizei sei, Recht und Ordnung herzustellen und alle Störungen der Ordnung zu verhindern. (S. 179)

Auch dieser Beschluß führte allem Anschein nach zu keiner wirklichen Veränderung. Am 20. März 1988, wenige Monate nach Beginn der Intifada, schrieb der Leiter der Abteilung Internationales Recht:

> 1. Herausragendes Phänomen in den Gebieten war in der letzten Woche eine unübersehbare Welle von Gesetzwidrigkeiten israelischer Bürger gegen die ansässige Bevölkerung im Rahmen der jüdischen Aktion (mit dem Motto): »Das Gesetz in die eigenen Hände nehmen.«
>
> 2. Wir sind auf keinerlei Informationen gestoßen, welche Art Mittel die Instanzen von Polizei und Staatsanwaltschaft gegen die Ausführenden dieser Gesetzwidrigkeiten zu ergreifen gedenken (...)

Hier sei mir nur die Bemerkung erlaubt, daß man von einer Kommission wie dieser durchaus hätte erwarten können, etwas dazu zu sagen, daß es in den besetzten Gebieten Gruppen von israelischen Bürgern gibt, die beabsichtigen, »das Gesetz in die eigenen Hände zu nehmen« – wozu sie keinerlei Befugnis hätten. Die Siedler nehmen jedoch das Gesetz nicht in die Hände, sie üben vielmehr Gewaltakte gegen die schutzlose palästinensische Bevölkerung aus.

In der Tat wurde die Praxis fortgesetzt, das Gesetz gegen jene *nicht* anzuwenden, die gesetzwidrig ihre Gewaltakte als Selbstjustiz interpretieren; dies vermerkt sogar die Kommission. Da sie aber fordert, bei *allen* Bewohnern Recht und Ordnung durchzusetzen, erzeugt sie die gefährliche Vorstellung von einer Symmetrie: hier Siedler, da palästinensische Bewohner.

Tausende von palästinensischen Häftlingen, gefoltert beim Verhör, worüber sich palästinensische wie israelische Menschenrechtsorganisationen bitter beklagen, Kollektivstrafen wie Ausgangssperren und Abriegelung der besetzten Gebiete sind nur ein Teil der Maßnahmen, die gegen die palästinensischen Bewohner bei jedem Angriff auf einen Israeli, ja selbst wegen einer friedlichen Demonstration ergriffen wurden und immer noch werden. Das lehrt, wie fehl am Platz jede Gleichsetzung der Rechtslage für Siedler und Palästinenser ist.

Die Schießbefehle in den besetzten Gebieten beschäftigten die Kommission wie auch die Öffentlichkeit in Israel und in der Welt. Vor der Kommission waren Aussagen gemacht worden, daß die Anweisung bestand, unter keinen Umständen auf Siedler zu schießen. Die Kommission dazu im Wortlaut:

(1) (...) Am Ende seiner Zeugenaussage fügte der Grenzschutzoberstleutnant (der stellvertretende Grenzschutzkommandant) Meir Tayar, der die Einheit des Grenzschutzes in Hebron befehligt, hinzu, selbst wenn sich Grenzschützer seiner Einheit (diejenigen, die sich am Morgen des Massakers verspätet hatten) in der Höhle befunden hätten, als Goldstein auf die betenden Muslime schoß, hätten sie auch dann nichts unternehmen können. Das läge an den Instruktionen zur Feuereröffnung, wie sie mündlich durch Oberst Meir Kalifi auf einer Offiziersversammlung, bei der er anwesend war, übermittelt wurden und die er (Tayar) an die Untergebenen seiner Einheit weitergeleitet hatte, nämlich: »Wenn ein Siedler oder Jude auf Bewohner Hebrons gezielte Schüsse abgibt, soll auf keinen Fall geschossen werden... Es soll versucht werden, ihn durch andere Mittel zu überwältigen, zum Beispiel durch Deckung suchen, abwarten, bis sein Magazin leer ist«. Und sogar wenn der Mann (Siedler) auf einen israelischen Soldaten schießt, um ihn zu treffen, darf letzterer nichts anderes als »Deckung suchen, um nicht getroffen zu werden, auf die Einstellung des Feuers warten oder darauf, daß das Magazin zu Ende geht, und versuchen, ihn mit anderen Mitteln zu überwältigen«.

Auf einer Regimentsversammlung, die die »Behandlung von Ordnungswidrigkeiten von Juden« zum Thema hatte, wurden dem Regimentskommandanten Kalifi zu dieser Anweisung einige Frage gestellt, die ein gewisses Erstaunen zum Ausdruck brachten. Die Antwort war: »Aber so war der Befehl«.

Nach derVeranstaltung wurde der Chef der Grenzschutzeinheiten beim Kommandanten des Grenzschutzes zu einer Vorgesetztenversammlung gerufen, und jener wiederholte die Anweisung. In der Besprechung, die daraufhin stattfand, drückten er und andere die Meinung aus, daß die Anweisung regelwidrig sei, und sagten sogar, »es sieht so aus, als wäre das vielleicht sogar ein ungesetzlicher Befehl«. Sie baten ihren Kommandanten, nochmals »auf den Divisionsversammlungen, an denen er teilnimmt, (...) die Angelegenheit zu überprüfen, ob das wirklich die Anweisung sei«. Aber, »es gab nichts Anderslautendes in der Angelegenheit«.

(2) Der diensthabende Offizier der Einheit des Grenzschutzes in Hebron, Fredi Kuskus, nahm ebenfalls an der Regimentsversammlung teil, die, laut seinen Aufzeichnungen, am 28. November 1993 stattfand. Er sagte aus, der Regimentskommandant hätte zum Waffengebrauch ausdrücklich gesagt: »Es wird keinen Gebrauch der Waffe gegenüber einem jüdischen Siedler in Hebron geben. Auch keine Maßnahmen zur Zerstreuung von (Siedler-)Demonstrationen, selbst wenn ein solcher Siedler mein Leben oder das eines Arabers gefährdet, der sich in seiner Nähe befindet.« Noch am gleichen Tag versammelte der Kompaniekommandant alle Polizisten der Einheit »und erklärte, daß dies die Anweisung war, die vom Regiment ausgegeben wurde. Es stimmt, daß sie nicht logisch klingt, aber man muß danach handeln«. (...)

»Es wurde auch über Ordnungswidrigkeiten gesprochen (...) und über generelle Anweisungen zur Feuereröffnung gegen jüdische Siedler in Hebron«, ohne daß eine schriftliche Anweisung zu dem letzten Thema vorlag. Die besagte Anweisung, welche der Regimentskommandant übermittelte, »war unverständlich und erregte große Verwunderung«, und sie wurde offenbar »sowohl im Zusammenhang mit Ordnungsstörungen als auch ganz allgemein« ausgegeben. »Der erteilte Befehl war eindeutig« (...) (S. 291)

Die Kommission führte sogar Aussagen von Soldaten über ihr Verständnis der Anweisung an:

> Oberleutnant Yitzhak Hamudot, der ebenfalls an der Regimentsversammlung teilgenommen hatte, verstand den Befehl etwas anders, daß man nämlich nur im Fall von Ordnungsstörungen nicht auf Juden schießen sollte. Seinen Soldaten erläuterte er, der Job der Soldaten in den Gebieten sei, feindliche Sabotageaktivität zu bekriegen. Da Juden aber nicht als Feinde, oder potentielle Bedrohung gelten, müsse man, stellte man einen illegalen Gebrauch der Waffe durch Juden fest, sie überwältigen und entwaffnen. (S. 202)

Der erste Feldwebel Gideon Kozer verstand, »sogar wenn ein Siedler schießt, dann soll man nicht zurückschießen, sondern versuchen, ihn zu entwaffnen ... auch wenn er auf andere Menschen schießt« (S. 203). Und: »Auch wenn ich sehe, daß ein Massaker passiert, ist die Anweisung des Regimentskommandanten des Sektors, nicht zu schießen.« Der Befehl schien in seinen Augen unlogisch, wenn nicht gar unverständlich, und er sagte das Hamudot, welcher ihm erwiderte, er würde das nachprüfen.

Auch der erste Feldwebel Avichai Zahala bezeugte, daß die Anweisung bestand, selbst wenn ein Jude auf einen Soldaten schießen würde, müsse der Soldat »Deckung suchen und ihn vielleicht entwaffnen, aber nicht auf ihn schießen« (S. 204). Demgegenüber sagten Offiziere der Panzereinheit aus, daß sich diese Anweisung auf Schießereien von Juden im Verlauf von Ordnungsstörungen bezog und nicht auf den Fall eines Massakers. Solch ein Fall, daß ein Jude einen Sabotageakt ausführen könnte, war aber überhaupt nicht debattiert worden.

Auf Seite 206 ist die Rede davon, daß der Generalstab der Armee eine »zeitweilige Verfügung« herausgegeben hatte, die drei Monate Gültigkeit besaß, und zwar zur »Durchsetzung von öffentlichem Recht und Ordnung bezüglich Israelis in Judäa und Samaria und in Gaza.« In besagter zeitweiliger Verfügung finden sich auch »Verhaltensregeln für einen Soldaten, der mit strafrechtlichen Vergehen befaßt ist«. Beobachtet ein Soldat, so heißt es da, die Gewaltat »gegen eine Person oder deren Eigentum durch einen Israeli«, so gilt stets: »Es soll betont werden, daß der Soldat keinen Gebrauch von der Waffe gegenüber einem Israeli zu machen hat.«

Sehr aufschlußreich sind auch die Worte des Oberleutnants der Reserve, Scharon Ben Yosef, der am 14. März 1994 vor der Kommission aussagte. Der Mann leistete seinen Reservedienst in der Zeit vom 25. Oktober bis zum 24. November 1993 in Hebron. Hier sind die Hauptpunkte seiner Aussage:

> Ich gab meinen Soldaten jeden Tag Instruktionen (...) Ich sagte den Soldaten, wenn die Situation eintritt, daß ein jüdischer Siedler ein Massaker an Arabern ausführt, schießen wir auf ihn, um ihn zu töten. Soldaten, die von der Kompanie kamen, sagten zu mir, daß das nicht den Befehlen entspreche, in den »Quartieren« wurde gesagt, daß man nicht auf Siedler schießt (...) Mir war die Sache nicht klar.
>
> Wir fuhren routinemäßig fort, bis es zu einer Ausschreitung von Siedlern kam – der Vizekommandant des Regiments (Schmil) traf ein, er saß im Jeep, die Lage auf dem Markt beruhigte sich ein wenig, und ich sagte zu ihm, daß ich das Gefühl hätte, es würde etwas passieren, ich sagte: »Ein Massaker«, und ich erinnere mich, daß er zu mir sagte:

»Ich hoffe, ich bin nicht hier, wenn das passiert.« Aber es blieb alles so bis zum Ende des Reservedienstes.

Am 23. November 1993 (einen Tag vor Beendigung seines Reservedienstes) fand ein Besuch von Nechemia Tamari und Mofas, dem Regimentskommandanten sowie Stabsoffizieren statt. Der General versammelte die Offiziere und Soldaten der Kompanie zu einer Besprechung. Ich sagte, ich hätte das äußerst ungute Gefühl, daß hier etwas Schlimmes passieren würde, und das war allgemein das Gefühl. Und ich fragte: »Im Fall eines Massakers, wenn ein Siedler hier auf dem Markt Schießsalven abgibt und es Dutzende von Toten gibt, was machen wir dann? In dieser Hinsicht sind die Schießbefehle nicht klar.« Die Antwort vor der gesamten Kompanie war prinzipiell, daß man gegen Siedler nicht die Mittel der Intifada einsetzen und die Armee es auf geheimdienstlicher Ebene übernehmen würde, so etwas (ein Massaker) zu verhindern.

Das genügte mir nicht, und nach Ende der Besprechung ging ich zu ihm (Tamari) ans Auto, während Mofas daneben saß und Kalifi zuhörte, und fragte nochmals: »Ich habe das nicht verstanden, im Fall eines Massakers: Ein Jude schießt, und es gibt Dutzende von Toten und Verwundeten, ist es mir erlaubt oder verboten, das Feuer zu eröffnen?« Der General dachte einen Augenblick nach und sagte zu mir: »In einem solchen Fall, wie Sie ihn schildern, genehmige ich, das Feuer auf die Beine zu eröffnen.« Und sie fuhren ab.

Nach zwei, drei Stunden gab es eine Schlußbesprechung der Kompanie mit dem Regimentskommandanten und Stabsoffizieren. Ich brachte das Thema wieder zur Sprache. Ich fragte Kalifi noch einmal: »Haben Sie gehört, was der kommandierende General gesagt hat, was sagen Sie dazu?« Kalifi erwiderte mir: »Ich habe gehört, was der General zu Ihnen sagte, aber das ist für mich nicht akzeptabel, aus meiner Sicht ist es in jedem Fall verboten, das Feuer zu eröffnen,

> man muß versuchen, ihn mit allen möglichen anderen Mitteln zu stoppen und nicht auf ihn zu schießen.« Er erklärte sinngemäß: Wenn ich mir auch nur vorstelle, was passieren würde, wenn ein Soldat auf einen Juden schießt – wie würden wohl die Siedler hier und die ganze Bevölkerung im Land reagieren?
>
> Er brach das Thema ab, und ich diskutierte nicht weiter darüber, obwohl sich das für mich höchst seltsam anhörte, am Ende wollten wir aber nichts wie weg von dort. (S. 207)

General Schaul Mofas, Befehlshaber der Division in Judäa und Samaria, erklärte vor der Kommission, ein Araber mit einer Waffe sei schließlich ein Terrorist, während ein Jude seine Waffe zum Zweck der Selbstverteidigung trüge, und wenn er schieße, sei er in Lebensgefahr; Juden seien nicht der Feind, und man dürfe auf sie nicht schießen. Aber wenn ein Soldat sich in einer Situation befände, in der er ein gefährliches Verbrechen beobachte, wenn er Mord feststelle, dann sei er verpflichtet, alle Schritte einzuleiten, inklusive der Eröffnung des Feuers, um das zu verhindern.

Oberst Yoav Gallant (S. 208) legte der Kommission einen Bericht vor, in dem die klarsten Worte geäußert wurden. Er zitierte Oberst Kalifi, daß gemäß der Anweisungen »das Verbot galt, Schüsse auf einen Juden abzugeben. Folglich sind die Soldaten – auch wenn sie Goldstein identifiziert hätten – nicht befugt gewesen, die Schüsse zu erwidern« (Gallant-Bericht, Beleg 1048).

Oberst Kalifi versuchte das aber in seiner Aussage vor der Kommission abzuschwächen, als er ausführte, wenn der gesunde Menschenverstand einem Soldaten sage, es gäbe im Fall eines Massakers oder im Fall von Schüssen auf einen Soldaten keine Alternative – dann müßte er ohne Zögern schießen.

Hier ist anzumerken, daß Kalifi diese Worte zwar vor der Schamgar-Kommission, nicht jedoch zu Ben Yosef oder seinen anderen Untergebenen vor Ort sagte, die die Anweisung nur in einer einzigen Bedeutung kannten, nämlich, *auf gar keinen Fall auf Juden zu schießen*, und das vor Ort auch so handhabten. Man konnte in der Tat auf den Fernsehschirmen mehrmals Siedler sehen, die gezielte Schüsse auf Palästinenser abfeuerten, ohne daß die Armee eingeschritten wäre.

Vor der Kommission sagte auch Generalstabschef Ehud Barak aus. (S. 211–212) Die Anweisung, nicht auf Juden zu schießen sei für den Fall von Ordnungsstörungen ausgegeben worden, wenn anzunehmen war, daß ein Israeli schoß, um sich selbst zu verteidigen. Zu diesem Zweck sei ihm die Waffe gegeben worden. Er fügte hinzu, lebensgefährliche Situationen wären allerdings in dieser zeitweiligen Verfügung nicht behandelt worden. Begehe jedoch ein Israeli ein Verbrechen, ohne daß er sich in Lebensgefahr befände, sei es möglich, gegen ihn von der Waffe Gebrauch zu machen, »wenn es keinen anderen praktikablen Weg gibt, um dem Verbrechen unmittelbar Einhalt zu gebieten.« (S. 211/212)

Die Realität vor Ort war anders. Die Soldaten, die für die Machpela-Höhle/Ibrahimi-Moschee abkommandiert worden waren, hatten verstanden, daß man unter *keinen* Umständen auf einen Juden schießen durfte. Besagte Anweisung löste, wie erwähnt, Erstaunen aus. Die Palästinenser wußten hingegen schon lange, daß man sie vor Angriffen der Siedler nicht schützte, selbst wenn die Siedler auf sie schossen. Daß es aber eine schriftliche Direktive dazu gab, war zuvor niemandem bekannt gewesen.

Es kann also mit Sicherheit festgehalten werden, daß die Ermordeten und Verwundeten in der Machpela-Höhle/Ibrahimi-Moschee keinerlei Chance hatten, vor Goldstein gerettet zu werden. Auch wenn der Grenzschutz rechtzeitig aufgewacht wäre und den Ort vor dem Massaker erreicht hätte, waren sie zum Tode verurteilt, weil Araber nun einmal als Feinde betrachtet werden und der Mörder schließlich ein Jude und damit kein Feind ist und bei ihm von vornherein angenommen wird, daß er nur zum Selbstschutz handelt.

Manche Kommissionsmitglieder nahmen diese Zeugenaussagen mit Entsetzen und einer gewissen Erschütterung auf, was einige Journalisten für unaufrichtig hielten. Meiner Meinung nach zu Recht. Denn die Schlußfolgerungen der Kommission zu diesem Thema beweisen es.

Im folgenden will ich noch ein paar Beobachtungen von Ruti Zutah über die Untersuchungskommission wiedergeben. Sie erschienen am 11. März 1994 in der Zeitung *Kol Ha'ir:*

> Der Vorsitzende der Kommission, Meir Shamgar, wußte, wie sonst auch, sehr genau, wann er eine Unterbrechung der Verhandlung anberaumen mußte. Er entließ das Plenum just dann, als er den Eindruck gewonnen hatte, die würdevolle Atmosphäre, die er so sehr liebt, sei nach der Zeugenaussage des Grenzschutzoffiziers von Hebron, Leutnant Meir Dayan, im Abbröckeln. Dayan sagte nämlich – und für die Kommission war das schockierend –, daß der Kommandant der Einheit in Hebron, Major Meir Kalifi, den

Befehl gegeben hatte, nicht auf Juden zu schießen, selbst dann nicht, wenn diese direkt auf andere Menschen schießen.

Manchmal hat man den Eindruck, daß die Mitglieder der Kommission eben erst vom Mond auf die Erde gefallen sind, wenn sie glauben, es gäbe eine einzige Gerechtigkeit, die gleichermaßen für Juden und Araber gilt. Zu'abi: »Er kann also auf andere schießen, während Ihnen verboten ist, auf ihn zu schießen? Das haben Sie mit eigenen Ohren gehört?« Shamgar: »Man hat Ihnen diesen Befehl erteilt, und es hat Ihnen nichts ausgemacht?« Die Obersten Richter haben offenbar vergessen, daß einige von ihnen mehrere Verfügungen unterzeichneten, die für steinewerfende Juden ein milderes Urteil als für steinewerfende Araber fordern.

Das Internationale Recht verpflichtet die Besatzungsmacht, das Leben der Bevölkerung der eroberten Gebiete zu schützen. In Wirklichkeit sorgt sich Israel nur um die Siedler, um seine Landsleute, die es in das Gebiet hineingebracht und nach der Enteignung der Palästinenser auf deren Grund und Boden angesiedelt hat – all das im Widerspruch zum Internationalen Recht.

Das Massaker, das der Generalstabschef als »Blitz aus heiterem Himmel« bezeichnete, war für den Reserveoffizier Scharon Ben Yosef vorhersehbar gewesen, ja die Befürchtungen hätten allgemein bestanden, sagte er. Der Offizier hatte ein Szenarium des Schreckens beschrieben und beunruhigt gefragt: Was tun wir in solch einem Fall? Er hatte zur Antwort erhalten, daß man gegen Siedler nicht die Mittel der Intifada einsetzen und ein Massaker durch den Geheimdienst verhindert würde.

Was die geheimdienstlichen Verhütungen der Armee von Massakern angeht, so könnte man laut herauslachen, wäre die Sache nicht so makaber. Eines aber ist jetzt wenigstens klar und offiziell gesagt worden, daß Mittel zur Bekämpfung der Intifada nur für Palästinenser taugen und daß sie in vorsätzlichem, gezieltem Schießen bestehen; und auf diese Weise wurden auch Tausende getötet und verletzt: Was den Palästinensern gegenüber legitim ist, ist für Juden nicht legitim!

Doch dieser Reserveoffizier hatte seine Menschlichkeit nicht verloren, er dachte darüber nach, wie man die potentiellen Opfer schützen könnte. So fragte er noch einmal und erhielt daraufhin zur Antwort, man dürfe auf die Beine schießen. Aber der Regimentskommandant Kalifi ließ ihn danach wissen, daß das für ihn nicht akzeptabel sei. Kalifi widersprach der Interpretation des Schießbefehls, die sein Vorgesetzter Nechemia Tamari, der Bezirkskommandant, gegeben hatte.

Was sagte die Kommission dazu? Gar nichts, als sei dies eine Bagatelle, eine übliche Verhaltensweise zwischen einem Vorgesetzten und seinen Untergebenen. Und wo bleibt die Erschütterung der Kommission angesichts dieser schrecklichen Anweisung, derzufolge das Schicksal der Betenden in der Höhle schon besiegelt war? Wo bleibt die Anprangerung eines Befehls, der zwischen Mensch und Mensch, Blut und Blut unterscheidet? Davon steht nichts im Bericht.

Für die kommenden Generationen, die das Massaker untersuchen werden, bleibt nur der Vermerk, daß der Generalstabschef seine Erklärung zu einer Feuereröffnung auch auf Juden erst infolge der Debatte der Kommission abgab, daß es aber Fragen nach dem Kern der Anweisung schon zuvor gegeben hatte. Und was die Anweisung selbst angeht, so kritisiert die Kommission schließlich nur ihre vage Formulierung, die »Raum für uneinheitliche Interpretationen ließ. Die Formulierung war schwammig und allgemein, ohne daß das Spektrum der Umstände berücksichtigt wurde, in die der Soldat geraten kann« (S. 211).

Welche Schlußfolgerungen können nach solch einer milden Formulierung gegen die Befehlshaber vor Ort oder den Generalstabschef erwartet werden?

Zusammenfassend kann man sagen, daß eine allgemeine Reinwaschung dabei herauskam: Das ganze Übel begann und endete mit Goldstein, es gibt keine weiteren Verantwortlichen, sei es die Regierung, sei es die Armee. Alle gingen sauber daraus hervor. Empfehlungen wurden im Detail nur zum Thema abgegeben, wie die Sicherheit der Betenden in der Höhle erhöht werden könnte, und das war dann auch schon alles.

Die Kommission konnte aber demonstrieren, wie ungemein demokratisch wir sind und daß wir uns selbst innerhalb weniger Monate zu untersuchen bereit sind. Erst als die Erschütterung über das Massaker nachließ und das Interesse in Israel und in der Welt abflaute, wurden die Schlußfolgerungen veröffentlicht.

Der Berg gebar nicht einmal eine Maus, sondern nur ein Mäuschen. Die Armee mit dem Generalstabschef an der Spitze nahm die Ergebnisse ebenso wie die meisten Medien erleichtert auf, denn sie störten keineswegs den »Friedensprozeß« und waren günstig für den Export, wie es Dan Margalit, Journalist der Zeitung *Haaretz*, formulierte. Jene aber, die das Massaker aufrichtig verurteilt, die Schmerz und echten Zorn empfunden hatten, übten harte Kritik an dem Bericht.*

Ich möchte diesen Abschnitt mit einigen Reaktionen auf den Bericht abschließen, unter anderem mit der Einschätzung des Juraprofessors an der Universität Tel Aviv, Mordechai Kremnitzer, die am 1. Juli 1994 in *Yediot Achronot* unter dem Titel »Die Verantwortung hört bei Goldstein auf« erschien:

> Wie sah die Vorbereitung (zur Verhinderung des Massakers – F. L.) aus, die man beschlossen hatte? War sie angemessen? Die Antwort auf diese Frage läßt Mißtöne aufkommen.
>
> Das Komitee** zählte zwar eine Reihe von Maßnahmen auf, die getroffen worden waren, die sich aber alle gegen eine Gefahr von arabischer Seite, nicht jedoch gegen einen jüdischen Angreifer richteten. In Wahrheit wurden nämlich gar keine Vorbereitungen gegen einen jüdischen Angriff getroffen. Das Komitee tat sich schwer damit, das zuzugeben. Glaubt man dem Bericht, dann wurden zwar Befürchtungen über einen jüdischen Terrorangriff auf höchster Ebene diskutiert, doch den Kommandanten vor Ort wurde davon nichts mitgeteilt. Das ist eine schwerwiegende Erkenntnis. Und es ist kaum zu verstehen, warum im Bericht nicht festgestellt wurde, daß es sich hier um Fahrlässigkeit handelt. (. . .) Der enorme Unterschied zwischen gar keinen Maßnahmen (vor dem Massaker) und den vielfältigen Maßnahmen, die das Komitee jetzt zu treffen vorschlug, verweist ja darauf, daß es Fahrlässigkeit gegeben hat. Nach Ansicht des Komitees war, wie es scheint, niemand für diese Fahrlässigkeit verantwortlich.

---

* So auch meine Berufskollegin, Anwältin im Auftrag der Liga für Bürgerrechte, Tamar Peleg

** Komitee steht hier für die Schamgar-Kommission.

Das Komitee kritisierte zwar verschiedene staatliche Institutionen, weil sie keine nennenswerte Prüfung von Ermittlungsakten, die Juden betreffen, vorgenommen hatten. Das Komitee machte es selbst aber mit den Goldstein-Akten genauso: Sie wurden geöffnet und wieder geschlossen. Zwei davon handelten von seinen früheren Angriffen in der Höhle des Patriarchen. Die dritte Akte enthielt Unterlagen über seinen Gewaltangriff auf einen Soldaten. Weder wurde untersucht, wie man damals auf Goldsteins Weigerung, einen Kriegsgefangenen ärztlich zu behandeln, reagiert hatte, noch wurden seine Aktivitäten geprüft, die er entfaltet hatte, als er sich an der Organisation von Rachefeldzügen gegen Araber beteiligte. Das Schamgar-Komitee ging dann dazu über, sich die Schabak (Geheimdienst)-Version, von Goldstein sei keine voraussehbare Gefahr ausgegangen, zu eigen zu machen. Es wurde behauptet, er hätte gar nicht zum gefährlichen harten Kern der »Kach«-Bewegung gehört. Warum nicht? Wegen seines Berufs und des Status, den er in seiner Gemeinschaft genoß.

Dennoch haben die Ermittlungen des Komitees ergeben, daß die Goldstein aufgrund seiner Stellung als Arzt und als dienender Reserveoffizier gewährten Privilegien ihm bei der Durchführung seines Verbrechens geholfen haben. Das Komitee unterließ es aber, danach zu fragen, warum ihm seine Privilegien wegen seiner früheren Aktivitäten nicht entzogen worden waren. Man hätte ihm seine Waffe abnehmen und seinen Rang aberkennen müssen. Hier hat das Komitee die Gelegenheit versäumt, darauf hinzuwirken, daß so etwas in Zukunft nicht mehr passiert. Es gibt nämlich andere Personen in den Siedlerkreisen, die ähnliche Akten vorzuweisen haben wie Goldstein vor dem Massaker, doch sie sind weiterhin im Besitz ihrer Waffen, versehen weiterhin ihren Reservedienst in den (besetzten – F. L.) Gebieten und bekleiden weiterhin Ränge in der

Armee. Das Komitee sagte nichts dazu, was mit diesen Personen geschehen sollte, es schlug lediglich vor, die Genehmigung zum Tragen von Waffen von Zeit zu Zeit zu überprüfen. Der Wunsch des Komitees, unbedingt einen Konsens zu erzielen, erwies sich als sein Versäumnis.

Das Komitee stellte auch das Problem der Durchsetzung von Recht und Gesetz in den jüdischen (Siedlungen – F. L.) und im arabischen Sektor der (besetzten – F. L.) Gebiete auf eine Stufe, so als gäbe es wirklich eine Ähnlichkeit zwischen beiden Sektoren . . . Es war klar, daß sich die geballte Gewalt des Besatzungsregimes gegen den arabischen Sektor richten würde, während im jüdischen Anarchie herrscht. Das Komitee gab sich auch alle Mühe, die Motive der jüdischen Verbrecher zu verstehen, für die Motive der Araber interessierte es sich nicht. Es wollte das, was im Bericht so deutlich beschrieben wird, nicht in seiner vollen Bedeutung akzeptieren, nämlich daß Recht und Gesetz nicht angewandt werden, wenn es sich um unsere Kriminellen und ihre Opfer in einer Besatzungssituation handelt. In den Gebieten ist eine Realität geschaffen worden, welche denjenigen, die die »richtige« Nationalität besitzen, eine Lizenz zum Töten einräumt. Wie kann man da allen Ernstes Gleichheit in der Durchsetzung von Recht und Gesetz fordern, wie es das Komitee in der Tat tut. Rabbis, politische Führer, Richter haben seit Jahren schon Nachsicht bei Rechtsbrüchen von Juden geübt. All das hat das Komitee ignoriert.

Der Bericht verfehlt daher völlig sein Ziel. Von einem solch hochgeachteten Komitee wird doch nicht erwartet, daß es detaillierte technische Empfehlungen für elektronisch gesteuerte Monitore in der Höhle (der Ibrahimi-Moschee – F. L.) vorlegt. Auf diesem ihm fachfremden Gebiet hat es unnötigerweise mehr getan, als von ihm verlangt worden war. Doch in anderen Bereichen, dort, wo seine

Stärke lag, hat es viel zu wenig getan. Es hat aber eine neue Norm auf dem Gebiet der Verantwortlichkeit gesetzt, eine bequeme und sehr gefährliche Norm. Dabei ließ es nur einen kleinen Spalt für Disziplinarverfahren offen: »Unsere Empfehlungen entbinden die Behörden nicht von der Pflicht, daran zu arbeiten, daß organisatorische Fehler und mangelnde Disziplin stets überprüft werden«, erklärte es.

Leider war das eine wertlose Erklärung. Jene, die selbst fahrlässig waren, und im Bericht nur um Haaresbreite noch einmal davonkamen, werden sich schwertun, bei den ihnen untergebenen niederen Chargen nach Fehlern zu suchen.

Erst nach längeren Diskussionen wurde im Bericht vermerkt, daß der Stabschef die Befehle zum Schießen mit scharfer Munition nicht ausreichend geklärt habe. Zieht man die Befriedigung in Betracht, mit der das Oberkommando der Israelischen Armee diesen Bericht aufnahm, dann verliert auch dieser Vermerk jedwede Bedeutung.

So, wie der Bericht die Fakten präsentiert, kann man nicht umhin, festzustellen, daß man nicht fahrlässig war, wenn man fahrlässig war. Denn in dem Bericht wird die Methode, keine Rechenschaft über ministerielle Verantwortlichkeit geben zu müssen, zum Hauptprinzip erhoben. Das soll nicht heißen, daß das Komitee in das andere Extrem hätte fallen und eine Reihe von Entlassungen hätte fordern sollen, denn die Gier nach Demissionen dient niemandem. Aber es war verpflichtet, genaue und klare Vermerke über Personen und Institutionen und die Wahrnehmung ihrer Pflichten zu machen.

Es kann durchaus sein, daß manche das Komitee kritisieren werden, weil es sich nicht ganz »auf die Seite des (jüdischen – F. L.) Volkes« stellte. Solch eine Kritik ist allemal der Verzerrung vorzuziehen, die das Komitee mit dem Begriff Verantwortlichkeit vornahm. Wären die Opfer bei der

Höhle 29 Juden und nicht 29 Araber gewesen, wären wir dann mit solch einem Bericht zufrieden gewesen?

Die Palästinenser fragte man natürlich nicht, ob sie mit dem Bericht zufrieden waren. Man kann aber sicher sein, daß der Bericht der Kommission, wovon ich mich auch bei meinen Gesprächen mit verschiedenen Leuten in Israel und den besetzten Gebieten überzeugen konnte, bei den Palästinensern das Gefühl verstärkte, daß sie von keiner israelischen Einrichtung Gerechtigkeit erwarten dürfen und daß dies ihre Frustration und ihr Gefühl der Ohnmacht noch verstärkte. Und wenn die Lage so ist, daß es nirgends Gerechtigkeit gibt, erstarken jene, die nach Rache dürsten.

Der Journalist Amir Oren benennt einige Gründe (*Davar*, 27. Juni 1994), warum die Kommissionsmitglieder solche vagen Schlußfolgerungen gezogen haben:

> Ein anders zusammengesetztes Untersuchungskomitee hätte, selbst bei identischen Ermittlungsergebnissen, viel gravierendere Schlußfolgerungen ziehen können: Es hätte die Militärkommandanten, und in geringerem Maße die Politiker, tadeln können, weil sie – wie das Komitee ja konstatierte – der »mangelhaften Koordination, der mangelhaften Überwachung, und einer fehlenden Reaktion auf Vergehen in der Armee« keine Aufmerksamkeit schenkten. Im vorliegenden Fall bedeutet dies aber auch, diejenige Person zu rügen, die für die israelische Armee, den Schabak und die Zivilverwaltung in den (besetzten) Gebieten generell verantwortlich ist: nämlich den Premier- und Verteidigungsminister Rabin. Schamgar zog eine milde Haltung vor und verband sie mit ein paar Wortspielchen. Er behauptete

zum Beispiel, er schrecke vor einer – wie er es nannte – »inquisitorischen Examination« zurück, als hätte er tatsächlich Angst davor gehabt, es könnte ein echter Torquemada auf den Richterstühlen des Obersten Gerichts sitzen. Der väterliche Rat, der am Ende herauskam, war so geartet, als sei er für eine Unterrichtsstunde vorgesehen, für eine Lehrstunde in einem Seminar für Offiziere des Geheimdienstes und der Armee über das Thema: Wie bewerte ich ein neutrales Ereignis? (...)

Da Schamgar ein enger Freund Rabins ist, war ihm gewiß bekannt, daß eine Empfehlung zur Entlassung jedweden Offiziers im Range eines Brigadegenerals und darüber unweigerlich zum Rücktritt Rabins führen mußte. Die logische Schlußfolgerung davon war, daß, wenn man schon keine höheren und niederen Chargen entlassen wollte, man auch den mittleren Dienstgraden alles verzeihen, in der Tat allen alles verzeihen mußte. Das war zwar nicht das zwangsläufige, aber das bei dieser Komiteezusammensetzung vorhersehbare Ergebnis.

Es wäre durchaus möglich gewesen, zu einem völlig anderen Urteil zu kommen. Und vielleicht wird ja auch eines Tages ein neues Untersuchungskomitee zusammengestellt werden, das vom nachfolgenden Präsidenten des Obersten Gerichts (Aharon Barak) einberufen wird und das die Waagschalen noch einmal zum Kippen bringen wird, wenn es die höheren Ränge für verantwortlich hält. Daß Schamgar seine 50 Jahre im öffentlichen Dienst mit einem Todesstoß für Rabin beschließen würde, war nicht zu erwarten.

So saßen sie denn unter dem Vorsitz von Schamgar alle beisammen: ein Richter des Obersten Gerichts, ein arabischer Richter, ein Generalmajor a. D. und ein Professor von der Bewegung »Frieden jetzt«, wohl wissend, daß sie hier nicht nur das Schicksal des Kommandanten bei der (Machpela-)Höhle oder des Gebietskommandanten (von Hebron) in ihren Händen hielten, sondern das Schicksal des politischen Prozesses unter der Führung der Regierung Rabin. (...) Ein härteres Urteil der fünf (Komiteemitglieder) hätte die Regierung Rabin und ihren Friedensprozeß abstürzen lassen. Ihre Zurückhaltung und ihr Entschluß, die Regierung des Friedensprozesses zu »schamgarisieren«, enttäuscht nur jene, die sich Illusionen gemacht hatten.

Bleibt die Frage, was für ein Friedensprozeß das ist, für den man – um ihn nicht zu gefährden – auf Gerechtigkeit verzichtet und die Opfer eines so schrecklichen Verbrechens im Stich läßt.

In *Maariv* vom 28. Juni 1994 wurde ein Gedicht des Satirikers Efraim Sidon veröffentlicht, das auch meine Empfindungen wiedergibt. Mit ihm möchte ich dieses Kapitel schließen.

Dankeschön

Ja, nun können wir wieder unsere Rücken straffen,
denn wir haben die klare Botschaft erhalten,
daß wir alle in Ordnung sind,
sogar völlig in Ordnung.

Abgesehen von kleinen, lächerlichen
Disziplinmängeln
sind wir natürlich alle, ob groß ob klein,
engelsgleich.

Nur die fehlenden Flügel
sind der ins Auge springende Unterschied

zwischen dem Volk mit all seinen Strömungen
und den Engeln vom Dienst.

Jenseitige Kräfte
trugen zum Massaker bei.
Höhere Macht, anmaßende Macht
und solche mit kleinem Hirn.

Und da wir nun alle
beglückt wurden mit diesem perfekten Bericht,
scheint Justitia nicht nur blind zu sein,
sondern zuweilen auch stumm.

Sagen wir daher den Richtern
Danke schön, vielen Dank.
Laßt uns weiterhin freigesprochen und unschuldig sein,
bis zum nächsten Massaker.

Die Untersuchungskommission der PLO

Eines der Mitglieder der PLO-Kommission war Dr. Abd al-Hafiz el Aschhab aus Hebron, der spätere Verkehrsminister der Autonomieregierung. Ich führte nach dem Massaker ein Telefongesproch mit ihm und drückte ihm mein Mitgefühl aus, und er übermittelte es den Familien der Opfer.

In Washington sagte er im März 1994 in einer Rede, daß dieses Massaker nur ein Glied in einer langen Kette solcher Akte sei. Im Oktober 1990 ereignete sich in der Al-Aksa-Moschee ein Massaker und davor, im Mai des gleichen Jahres, eines an palästinensischen Arbeitern in Rischon Leziyon. Sie unterschieden sich nur durch die Anzahl der Opfer. Es gäbe jedoch einen Unterschied zwischen jenen Massaker und diesem, dem letzten, in Hebron - die große Anzahl der Opfer und daß es an einem heiligen Ort, in einem für Muslime heiligen Monat und an einem heiligen Tag geschah, als die Gläubigen zum Gebet niederknieten.

Als ich mich im Oktober 1994 in Hebron aufhielt, konnte ich Aschhab nicht treffen, weil er in Amtsgeschäften dringend nach Gaza reisen mußte. Er hinterließ mir die Nachricht, daß ich alle Informationen von einem anderen Kommissionsmitglied erhalten würde. Ich traf mich also mit dem Rechtsanwalt Abd al-Gani Auwiwi.

Die palästinensische Kommission setzte sich aus einem juristischen, einem ärztlichen und einem technischen Ausschuß zusammen, hinzugezogen war auch der

Mufti Muhammad Nisam Tahabub, im Auftrag des Waqf. Die Juristen sammelten die Zeugenaussagen. In der Kommission vertreten war auch ein Richter und der Generalstaatsanwalt von Gaza. 90 Zeugen wurden gehört, darunter auch israelische (die darum baten, anonym zu bleiben) und ägyptische Ärzte, die die Befunde in Ägypten untersucht hatten.

Die Kommission bat schriftlich und telefonisch sowie über die Medien darum, es ihr zu ermöglichen, die Moschee, die sofort nach dem Massaker geschlossen worden war, zu Untersuchungszwecken betreten zu dürfen. Auch die PLO forderte das, jedoch vergeblich. Dies hat die Untersuchung sehr erschwert.

Die Kommission verfaßte einen Bericht mit Schlußfolgerungen, die den palästinensischen Behörden in Gaza übermittelt wurden. Dieser Bericht wurde jedoch nicht veröffentlicht, und es ist nicht bekannt, was damit passierte.

Ich drückte mein Erstaunen darüber aus. Von verschiedenen Personen in Hebron hörte ich die mit großer Bitterkeit geäußerte Meinung, daß die palästinensische Autonomiebehörde wohl nicht daran interessiert sei, den Bericht zu veröffentlichen, um den »Friedensprozeß« nicht zu stören.

Wie es scheint, ist dieser »Friedensprozeß« allseitig gegen Wahrheit und Gerechtigkeit allergisch.

Ich wollte trotz allem wissen, was von den Schlußfolgerungen der palästinensischen Kommission überhaupt enthüllt werden durfte.

Die Kommission hatte nicht nur die indirekte Verantwortung der Regierung Israels für das Massaker festgestellt, sondern auch, daß das Militär auf die Menschen, die die Moschee verließen, geschossen hatte. Darüber hinaus hatte das Militär beim Al-Ahli-Krankenhaus ein Blutbad angerichtet. Man hatte festgestellt, daß alle Einschüsse von vorn gekommen waren, zum Teil im oberen Körperbereich, Hals oder Brust, die von Scharfschützen stammen mußten.

Die Schamgar-Kommission wußte zwar, daß es Zeugenaussagen, wie die des Jungen Maraqa, über schießende Soldaten gab, desweiteren auch zahlreiche Aussagen, die veröffentlicht worden waren über den Tod von Karaki und Muhtaseb (über die ich im ersten Kapitel schrieb) durch Schüsse von Soldaten. Die Schamgar-Kommission war nicht daran interessiert gewesen, sie sich anzuhören.

Die palästinensische Untersuchungskommission stellte darüber hinaus fest, daß der Staat Israel den Palästinensern keinerlei Schutz gewährt, obwohl er nach Internationalem Recht dazu verpflichtet ist. Bis zum 25. März 1994 wurden allein in Hebron weitere zehn Menschen vom Militär getötet. »Wir forderten eine internationale Untersuchungskommission, aber das wurde uns nicht zugestanden. Ist es nicht absurd, daß die Israelis, die der indirekten Verantwortung für das Massaker angeklagt werden, sich selbst untersuchen«, sagte Rechtsanwalt Auwiwi.

In ihren Empfehlungen für die Zukunft betonte die palästinensische Kommission, daß es weder Frieden noch Schutz für die Palästinenser geben würde, solange es Siedlungen in den besetzten Gebieten gibt. Die Konfrontationen der Siedler in Hebron und Umgebung mit den palästinensischen Bewohnern programmierten auch in Zukunft ähnliche Akte wie das Massaker in Hebron vor.

Hebron nach dem Massaker

Alle wurden also freigesprochen, der einzig Schuldige liegt unter der Erde, und für viele Menschen in den Siedlungen und außerhalb ist dieser Tote ein Held. Leute pilgern zu Fuß zu seinem Grab in Kiryat Arba, und vor kurzem wurde ihm sogar ein Denkmal errichtet.*

Die Siedler blieben in Hebron, und sie haben nichts von ihrem Kampfgeist eingebüßt. Wie wenig sich änderte, wurde an einem Vorfall deutlich, der sich am 16. Mai 1994 in Hebron ereignete und den der Journalist Amit Gurevitz in der Zeitung *Schischi* am 20. Mai 1994 schilderte:

> Am Montag, einem Feiertag, machte sich eine Gruppe von 30 Siedlern auf den Weg in Richtung der Moschee Scheich Ali al-Baka im El-Scheich-Viertel in Hebron. Es ist ein streng muslimisches Viertel, und auf seinem Terrain befindet sich keine einzige jüdische Stätte. Aber eine der Straßen, die zu dem Viertel führen, wurde bislang nicht von den Siedlern in Hebron benutzt. Mit anderen Worten: Kein Jude hat dort etwas zu suchen. Trotzdem gingen die Siedler von »Beit Hadassa« in das Viertel dieser Moschee, das unweit unterhalb der Siedlung liegt.
>
> Die Entfernung beträgt etwa einen Kilometer, also ein Fußmarsch von ungefähr einer Viertelstunde. Niemand machte sich die Mühe, sie unterwegs aufzuhalten oder sie zu fragen, was sie in diesem Viertel wollten. Die Siedler erreichten den Moscheebereich ohne militärisches Geleit.

---

* Die Militärverwaltung gab bekannt, daß das Denkmal illegal aufgestellt worden sei und entfernt werden müsse. Die Siedler blieben davon unbeeindruckt, und das Denkmal steht noch immer, zehn Monate nach dem Massaker.

Die Siedler erschienen vor der Moschee ausgerechnet zur Gebetszeit um 16.30 Uhr. Seit dem Massaker in der Machpela-Höhle verschließen die muslimischen Gläubigen die Tür der Moschee und postieren einen Wächter vom Ort an den Eingang. Die Siedler umringten die Moschee, richteten den Lauf ihrer Waffen nach oben, und wer ein Gewehr hatte und keinen Revolver, schoß in die Luft.

Mundar Selim al Kawasme, 27, der dabei verwundet wurde, berichtete folgendes: »Ich ging auf der Staße, als sie schweigend an mir vorbeizogen. Ich tat gar nichts, doch auf einmal spürte ich einen stechenden Schmerz in der Hand, und ich fiel zu Boden.« Im Alia-Krankenhaus stellte sich heraus, daß er von Revolverschüssen verletzt worden war. Eine Kugel befindet sich noch immer in seinem Arm. Revolver besitzen nur die Siedler.

Die Luft-Schüsse der Siedler führten zu einer Gegenreaktion von Jugendlichen, die anfingen, Steine zu werfen. Die Betenden schlossen sich in der Moschee ein. Der Wechsel von Steinen und Schüssen zog sich nach Aussagen von Palästinensern ungefähr eine Stunde lang hin, ohne daß das Militär eingeschritten wäre.

Als die Soldaten eintrafen, hatten sie es eilig, die muslimischen Demonstranten aufs Korn zu nehmen. Zunächst wurden keine Siedler verhaftet. Bei dem Zwischenfall wurden 18 Araber verwundet, nach Augenzeugenberichten fünf durch Schüsse der Siedler. Einer der Verletzten ist, laut Aussagen der Bewohner des Viertels, der zwölfjährige Banan Ibrahim Zaid, der sich vor drei Monaten unter den Verwundeten in der Machpela-Höhle befand. Damals wurde er an der Hand getroffen, diesmal am Hals.

Zu den Verletzten gehört auch ein Journalist aus Hebron, Mazan Da'ana, der auf einem Hausdach stand und die Vorgänge mit einer Videokamera filmte. Nach Aussagen von Augenzeugen wurde er von Soldaten verprügelt, und seine Kamera ging zu Bruch.

Nach einer gewissen Zeit setzten sich die Bewohner des Viertels mit der internationalen Beobachtertruppe, die sich gerade in Hebron aufhielt, in Verbindung. Es kamen drei Beobachter zum Schauplatz, und von diesem Moment an hörte, wie der Augenzeuge Elias Muhammad al-Kawasme aussagte, das Militär auf, scharf zu schießen, und begann, nur noch Gummikugeln und Tränengasgranaten einzusetzen. Die Anwesenheit der Beobachter nützte nichts, denn sie verließen das Viertel, nachdem sie selbst durch Tränengas in Mitleidenschaft gezogen worden waren.

Nach Ablauf einer Stunde kehrten die Siedler tanzend und singend nach »Beit Hadassa« zurück. Von diesem Zeitpunkt an begannen die Konfrontationen im Viertel mit dem Militär, die noch einige Stunden andauerten.

Auch die Reaktion der Zivilverwaltung auf den Vorfall beweist, daß niemand versuchte, aus dem Massaker eine Lehre zu ziehen: Die Umstände wurden nicht aufgeklärt, unter denen diejenigen, die man ins Alia-Krankenhaus in Hebron eingeliefert hatte, verletzt worden waren. Kein Verletzter wurde bislang vorgeladen, um eine Aussage gegen die Siedler zu machen oder jene zu identifizieren, die sich unter den Schützen befanden (...)

Palästinenser, die in der Nähe der Siedlung »Givat Ha'harsina« wohnen, leiden seit Jahren darunter, daß ihre Häuser mit Steinen und Metallstücken beworfen, die Fensterscheiben mit Stöcken zerschlagen und Brände gelegt werden, daß auf die Sonnenkollektoren auf den Dächern geschossen wird. Eine der gequälten Familien, über die ich bereits schrieb, ist die von Abed al-Hafiz a'Zatari. Diese Familie reichte bei der Zivilverwaltung 15 Anträge ein, um eine Mauer zum Schutz vor den Siedlern bauen zu dürfen, erhielt jedoch keine Antwort.

Die palästinensischen Familien, in deren Nähe die Siedlung errichtet worden war, sind vom restlichen Hebron abgeschnitten. Sie baten daher um Telefonanschlüsse, um Hilfe alarmieren zu können, aber auch das vergeblich. Alle Telefonleitungen, die über das Land der palästinensischen Bewohner dieser Gegend verlaufen, gehören Kiryat Arba.

Das Ganze ist darauf ausgerichtet, den Bewohnern das Leben so unerträglich zu machen, daß sie zum Vorteil der Siedlungen ihre Häuser und ihr Land verlassen.

Das »Solidaritätskomitee Hebron« und »Frieden jetzt« kamen diesen Familien zu Hilfe. Hier ein Bericht über ihre segensreichen Aktivitäten, der zugleich ein Spiegel der Situation in Hebron nach dem Massaker ist:

> Am 29. Mai führte das »Solidaritätskomitee Hebron« eine Straßentheater-Aktion im Herzen von Jerusalem auf: Ein Schauspieler, der den Premierminister Rabin verkörperte, gab einer »Hochzeit« zwischen einem Soldaten und einem Siedler den Segen. An die neugierigen Passanten wurden Flugblätter verteilt, die die Vorgänge in Hebron schilderten:
>
> Am 2. Juni hatte »Frieden jetzt« zwei Aktivisten mit einer Videokamera losgeschickt, um den Alltag der Bewohner Hebrons, die in unmittelbarer Nachbarschaft von Siedlern leben, zu dokumentieren. Eyal Avni und Galit Ravad hielten sich in einem palästinensischen Haus auf und beobachteten gemeinsam mit weiteren Aktivisten an fünf aufeinanderfolgenden Tagen das, was Alltag in Hebron heißt: sich durch Hinterhöfe schleichen, um den Straßensperren der Armee auszuweichen; das Tränengas der Armee einatmen und graffitisprayende Jugendliche in der Nacht begleiten (mit dem Risiko, deswegen von Militärpatrouillen erschossen zu werden).

Die Anwesenheit der Friedensaktivisten in Hebron wurde bekannt, als die Armee entdeckte, wie sie Videoaufnahmen von der gewaltsamen Auflösung einer palästinensischen Demonstration machten. Avni wurde dabei von Soldaten zusammengeschlagen, und die Kamera zertrümmert. Aber die an den vorhergehenden Tagen gemachten Aufnahmen wurden gerettet und werden gegenwärtig in einen Film eingearbeitet. »Frieden jetzt« will diesen Film dem allgemeinen Publikum zugänglich machen, doch zuallererst soll dieser Film den Entscheidungsträgern übergeben werden, um ihnen zu beweisen, daß das »Massaker nicht die Tat eines einzelnen Verwirrten«, sondern die Zuspitzung einer für die Palästinenser existentiellen Situation war.

Bei diesen und anderen Besuchen in Hebron entdeckten die Aktivisten von »Frieden jetzt« auch Graffiti von Siedlern an den Wänden, die Goldstein priesen und neue Massaker »ankündigten«. Monatelang wurden Aufforderungen an die Armee geschickt, bis endlich Soldaten angewiesen wurden, diese Inschriften zu entfernen.

Ganz in der Nähe der Siedler-Enklave »Givat Ha'harsina« leben, abgetrennt vom Rest der Palästinenser Hebrons, fünf palästinensische Familien. Seit Jahren schon sind sie Zielscheibe der Gewalt der Siedler, die seit Oslo immer wieder bis zum Werfen von Molotow-Cocktails eskalierte.

Am 27. August 1994 kamen 50 Israelis, Palästinenser und ausländische Aktivisten, organisiert vom »Solidaritätskomitee Hebron«, zu diesem Gelände. Nachdem sie eine Pressekonferenz abgehalten hatten, machten sie sich an die Arbeit und bauten einen Schutzzaun um die palästinensischen Behausungen. Am späten Nachmittag tauchten Dutzende von bewaffneten Siedlern auf und begannen sofort, die Zaunbauer anzugreifen. Nach einer Stunde, in der die Siedler Steine geworfen und mit den Fäusten auf die Aktivisten eingedroschen hatten, erschien eine Armee-Einheit und befahl den Friedensaktivisten, das Gelände auf der Stelle zu verlassen und aus Hebron zu verschwinden.

Am Abend berichteten Palästinenser dem Komitee telefonisch, daß die gewalttätigen Siedler wieder aufgetaucht waren. Drei Aktivisten fuhren daraufhin sofort nach Hebron zurück, verbrachten die Nacht in dem (von Siedlern) belagerten Haus und filmten deren Randale mit einer Videokamera. Am frühen Morgen drangen Soldaten gewaltsam in das Haus ein, befahlen den dreien zu gehen und verhafteten den Fotografen.*

Über Siedler, die Palästinenser attackieren und weiterhin ungestraft davonkommen, berichtete auch Hillel Kohen, der Korrespondent der Zeitung *Kol ha'ir* am 9. September 1994:

Inzwischen läuft in Hebron alles wie gewohnt. Folgender Fall, der sich vor etwa zwei Wochen ereignete, ist ein sehr gutes Beispiel dafür. Soldaten der israelischen Armee kamen an einer Stelle vorbei, an der ein Einwohner von Hebron, Fares Natsche, von Siedlern angegriffen wurde. Sie bemerkten zwar die Angreifer und ihr Auto, unternahmen jedoch nichts, um ihnen Einhalt zu gebieten. Weder notierten sie die Nummern des Fahrzeugs noch alarmierten sie die Polizei. Angestellte der Zivilverwaltung, an die sich Natsche später wandte, lehnten es ab, seine Anzeige gegen die Siedler entgegenzunehmen.

Der Fall ereignete sich am Mittwoch vor zwei Wochen. Natsche, Besitzer einer Glasfabrik, war auf dem Weg zu seiner Firma, die an der Hauptstraße Hebron-Halhul liegt. Es

---

* In: The Other Israel, August/September 1994

war acht Uhr abends, und vor ihm fuhr ein grauer Renault 9. Der Renault fuhr ihm zu langsam, er überholte ihn und setzte die Fahrt zu seiner Fabrik fort. Dem Fahrer des Renault gefiel das nicht. Er schob sich von rechts an Natsches Auto heran und versuchte, ihn auf die Gegenfahrbahn abzudrängen. Natsche gelang es, auszuweichen, und er fuhr weiter. Kaum stoppte er sein Auto am Fabriktor, da hielt auch der Renault neben ihm. Vier bewaffnete Männer stiegen aus, und der fünfte, der Fahrer, blieb hinter dem Steuerrad sitzen. »Sie kamen zu mir herüber«, berichtete der 40jährige Natsche, Vater von sieben Kindern, »und ich fragte sie auf Hebräisch: ›Was ist denn los?‹ Einer antwortete mir: ›Nichts ist los!‹ und gab mir einen Kinnhaken. Ich stieg aus dem Auto aus, da kam ein anderer Mann zu mir und versetzte mir noch einen Schlag ans Kinn, mit einem Revolvergriff. Mir fielen fünf Zähne aus.«

Natsches Söhne und Neffen beobachteten den Vorgang, fürchteten sich aber, einzugreifen, da die Siedler bewaffnet waren. Drei der Siedler schlugen noch eine Weile mit Fäusten auf Natsche ein, schickten sich dann zum Gehen an, während sie ihre Waffen auf Natsches Angehörige gerichtet hielten. Dann blieben sie am Fabriktor stehen und warteten.

Musa Natsche, Fares' Neffe, sah, wie ein Militärjeep zufällig vorbeikam. Er rannte auf ihn zu und signalisierte ihm, anzuhalten. Er sagte den Soldaten, daß sein Onkel von Siedlern geschlagen worden sei und daß die Siedler noch immer bewaffnet am Fabriktor stünden. Die Soldaten sprachen weder mit den Siedlern, noch verlangten sie deren Personalien, noch fragten sie sie, was sie hier zu suchen hatten. Die Siedler blieben noch ein paar Minuten, dann stiegen sie in ihr Auto und fuhren weg.

Natsche wurde im Ahli-Krankenhaus ambulant versorgt und dann nach Hause geschickt. Seine Zähne konnten nicht behandelt werden, weil es dort keine entsprechende Abteilung gibt. Zur Polizei ging er nicht. Wie viele andere in Hebron wußte auch er, daß das kaum Sinn hatte.

Am nächsten Tag wandte sich Natsche an den Bürgermeister von Hebron, Mustafa Natsche, der sich mit der Zivilverwaltung in Verbindung setzte. Man sagte ihm, er solle den Kläger zu ihnen schicken, der sollte nach »Captain Eyal verlangen«. Er machte sich sofort auf den Weg, und als er nach wenigen Minuten dort ankam, ging er zum Wachposten, gab ihm, wie üblich, seinen Ausweis, und sagte, er sei zu Captain Eyal bestellt worden. Nach einer Viertelstunde kam der Soldat wieder heraus, in der Hand eine Vorladung bei einem anderen Captain, Captain Eres, doch für vier Tage später.

Natsche, nicht faul, fand sich am festgesetzten Tag, es war am vergangenen Sonntag, wieder bei der Verwaltung ein. Ein weiteres Mal gab er seinen Ausweis am Eingang ab und wartete geduldig. Nach einer halben Stunde kam der Wachsoldat wieder heraus, diesmal brachte er ihm eine Vorladung für zwei Wochen später. Weder Captain Eyal noch Captain Eres konnten sich freimachen, um Natsche zu empfangen und ihm behilflich zu sein, bei der Polizei eine Anzeige zu erstatten.

Natsche ist sich bereits nicht mehr sicher, ob er zu diesem späteren Termin zur Zivilverwaltung gehen wird. »Ich sehe doch, daß sie nicht daran interessiert sind zu helfen, und es ist schade um meine Zeit«, sagte er. Und selbst wenn er hingeht und bei der Polizei Anzeige erstattet, wird das nicht viel nützen. Die Reifenspuren des Renault bei der Fabrik sind längst getilgt, und sollte sich jemand von den Nachbarn die Ziffern des Nummernschilds am Wagen gemerkt haben, so kann angenommen werden, daß er sie inzwischen vergessen hat.

Ein halbes Jahr nach dem Massaker in der Machpela-Höhle und zwei Monate nach Veröffentlichung des Berichts der Schamgar-Kommission sieht es so aus, als ob die Wiedereröffnung der Machpela-Höhle das einzige ist, was die Rabbiner und die Parlamentsabgeordneten interessiert (...) Die Sicherheitskräfte kümmern sich immer noch nicht (...) um die jüdischen Anschläge und Angriffe auf Palästinenser (...)

Die zentrale Forderung der Schamgar-Kommission, »das Gesetz energisch, entschieden und gleichberechtigt gegenüber jedem, der es übertritt, geltend zu machen«, blieb bislang nur Papier, so wie die Empfehlungen vorangegangener Kommissionen, die mit diesem Thema befaßt waren. (...)

Die internationale Beobachtergruppe hat die Stadt inzwischen wieder verlassen, und für die Mehrheit der Siedler ist die geschlossene Höhle (im Unterschied zu den Dutzenden trauernden palästinensischen Familien) die einzige Einnerung an das Massaker. Die Hoffnung der Palästinenser, daß die Erschütterung, die die offiziellen israelischen Kreise äußerten, in einen echten Schutz für ihr Leben und ihren Besitz umgesetzt würde, wurde enttäuscht. Die Anschläge gehen weiter, desgleichen die fahrlässige Handhabung der bei der Polizei oder der Zivilverwaltung eingereichten Klagen.

Was die Behörden aus dem Massaker lernten, ist offenbar, Palästinenser und Siedler noch unterschiedlicher zu behandeln. Das System der Genehmigungen und Absperrungen, das sich allein gegen die Palästinenser richtet, veranschaulicht, welche Apartheid weiterhin vor Ort herrscht. Alles hat Methode: blockierte Zufahrten, Kontrollen, Sondergenehmigungen – Qualen für die palästinensischen Bewohner.

Die neueste Kontrollsperre in Hebron, die unmittelbar nach dem Tod des 17jährigen Sarit Prigal aus der Siedlung »Givat Ha'harsina« am Rande von Hebron im Juli 1994 errichtet wurde, schneidet den Palästinensern den Zugang zur Straße in der Nähe der Zufahrten zu den Siedlungen »Givat Ha'harsina« und Kiryat Arba ab. Alle übrigen Zufahrtsstraßen in der Umgebung wurden ebenfalls blockiert. Palästinenser, die in diesem Gebiet leben, müssen jetzt einen Passierschein vorweisen, um auf die Straße vor ihren eigenen Behausungen zu gelangen.

Naji Da'na, ein junger Journalist, begleitete Freunde nach Hause und war auf einmal mit dieser neuen Straßensperre konfrontiert: »Als mir der Soldat sagte, ich bräuchte einen Passierschein, erwiderte ich ihm, daß meine Papiere zu Hause wären, dort, direkt hinter der Kontrollsperre. Er erklärte mir, daß ich für diese Straße eine Sondergenehmigung bräuchte, und die könnte ich nur bei der Zivilverwaltung erhalten. Selbstverständlich liegt das Gebäude der Zivilverwaltung auch auf der anderen Seite der Kontrollsperre!«*

Ein weiteres Beispiel dafür, wie die Empfehlung der Schamgar-Kommission, das Gesetz für *alle* Bewohner in den besetzten Gebieten geltend zu machen, Siedlern gegenüber angewandt wird:

Hatam Abu Rian, 31, wurde am 9. September 1994 in Halhul bei Hebron von einem Siedler aus Kiryat Arba tödlich getroffen. Der Siedler und seine Frau (Alex Kogan und Elena Pudelski), Immigranten aus Rußland, fuhren nur durch die Gegend. Laut Zeugenaussagen herrschte Ruhe, es fand weder eine Demonstration statt, noch wur-

* Zit. in: Challenge, September/Oktober 1994

Steine geworfen. Dennoch feuerte der Siedler aus unerfindlichen Gründen mindestens zehn Kugeln ab. Er traf Hatam am Kopf, und einige Kugeln schlugen auch in der nahegelegenen Klinik ein und unweit von alten Leuten, die gerade vor dem Eingang ihres Lebensmittelladens saßen. Die Polizei teilte mit, man untersuche, doch die namentlich bekannten Siedler laufen immer noch frei herum.

Im Oktober 1994 kam ich nach Hebron, das ich seit langen Jahren kenne. Als der israelische Soldat an der ersten Absperrung hörte, daß ich vorhatte, diese Stadt zu besuchen, war er entsetzt, und er warnte mich, dies sei äußerst gefährlich. Ich wies auf meine Begleiter hin, die Palästinenser waren, auf meine Wächter sozusagen, aber er schien nicht sonderlich überzeugt zu sein, daß dies günstig war, denn er fügte hinzu, in der Stadt herrsche permanente Spannung.

Wir erreichten die Ibrahimi-Moschee, die verschlossen und verriegelt war, davor eine Militärsperre. Meine Begleiter erklärten mir, daß die Soldaten auf die Menschen, die aus der Moschee geflüchtet waren, unweit der Stelle, an der ich stand, geschossen hatten. Die Soldaten sagten mir, die Höhle/Moschee würde erst Ende Oktober für die Öffentlichkeit wieder zugänglich.

Wir verließen den Ort und kamen in die Gegend der Siedlung Tel Romeida, daneben wieder eine Absperrung. Dieses Gebiet wurde zum Militärgebiet erklärt. Palästinenser, die dort wohnen, brauchen nun Genehmigungen, um in ihre Häuser zu gelangen.

Wir fuhren ein paar Minuten weiter und schon wieder blockierte eine Absperrung unseren Weg, diesmal kein

Armeeposten, nur große Betonblöcke. An einer anderen Stelle sah ich Straßensperren, die aus Tonnen aufgetürmt waren. Die Errichtung einer solchen Blockade wird weder gerechtfertigt noch begründet. Die Fahrzeuge müssen umkehren, ein großer Stau entsteht, erbitterte Fahrer suchen nach Ausweichrouten auf ungeteerten Feldwegen, um irgendeine Stelle in ihrer Stadt erreichen zu können.

Die von Absperrungen zerstückelte Stadt sieht wie im Kriegszustand aus. Um die Siedler zu schützen, gibt es mitten in Hebron sogar eine Militärbasis. Arabischen Bussen wird nicht erlaubt, in die Stadt zu fahren. Kein Wunder, wenn hier der »Friedensprozeß« als trauriger Scherz betrachtet wird.

200 Meter neben dem Eingang zur Ibrahimi-Moschee sind alle Läden der Palästinenser geschlossen. Der Grund: die Straßensperren, die den freien Zugang behindern. Wird aber erst mal ein Laden geschlossen, dann kann das zur Enteignung führen, und schon ist der Weg für eine Besetzung durch die Siedler frei.

Der Gemüsemarkt* ist geschlossen, auch die Hauptstraße. Der Markt war einst ein kommerzielles Zentrum für etwa 250 000 Menschen, auch für die Dörfer des Umlandes. An dem dafür heute vorgesehenen Platz ist der Markt jedoch fast paralysiert.

Ich ging zu den Häusern von Opfern des Massakers. Überall stieß ich auf Zorn und Verbitterung. Die Men-

* Der Reporter Ori Nir berichtete am 15. Februar 1995 in *Haaretz*, daß die Siedler große Hunde kauften, die sie neben dem Gemüsemarkt angekettet in hölzernen Hundehütten halten. Angeblich sollen Palästinenser davon abgehalten werden, die Straße zu betreten, die zum neuen jüdischen Viertel führt. Die Palästinenser sind überzeugt von der Absicht, daß sie damit gedemütigt werden sollen.

schen sind wütend, daß man über ihre Not schweigt, so als ob man sie auf dem Altar der Gespräche mit Israel opfert.

Wir standen auf dem Hügel, der die Stadt überblickt. Überall waren die Siedlungsblöcke zu sehen. Wir blickten hinunter auf den geschlossenen Gemüsemarkt und das Auto des Grenzschutzes, das dort stand. Meine Begleiter erzählten mir, daß die Siedler immer wieder, von den Soldaten ungehindert, die Stände umgeworfen hatten.

Das Rezept ist bekannt: Zuerst erscheinen die Siedler und begehen vandalistische Akte, dann wird das Areal zum Schutz der Siedler von der Armee zum gesperrten Gebiet erklärt, und die Siedler quälen die Einwohner so lange weiter, bis sie ihre Geschäfte, Häuser oder Plätze aufgeben.*

»Man kann in dieser Stadt nicht mehr leben, schon das Atmen fällt einem schwer«, sagte man mir. Es gibt Bewohner von Hebron, die nach Halhul umziehen, weil sie es nicht mehr aushalten.

Daß in dieser Stadt Spannung herrscht, daß es heftige Konfrontationen gibt, wenn Jugendliche protestieren, demonstrieren und manchmal Steine werfen, ist kein Wunder. Und die Armee schießt scharf, verwundet und tötet, jahrein jahraus.

In Jerusalem traf ich auch zwei Mitglieder des »Solidaritätskomitees Hebron«, Eli Aminov, der seit 1961 in Jerusalem lebt, und Schira Katz, eine Studentin. Sie erzählten mir von der Gründung ihres Komitees. Sie waren zu dem

* An den Häuserwänden in Hebron kann man täglich neue Wandschmierereien der Siedler lesen, wie »Araber raus«, »Tod den Arabern« und »Lang lebe Baruch Goldstein«.

Schluß gekommen, daß das Komitee sofort gegründet werden müsse, um in dieser schweren Zeit den Einwohnern Hebrons zu helfen.

Eli berichtete, welchen Terror die Siedler allein gegen das Hissen palästinensischer Fahnen in der Umgebung und in Hebron in Gang setzen. Sie zerschmettern die Fenster von nahezu allen Häusern, in denen eine palästinensische Fahne zu sehen ist. Er erzählte von der strikten Apartheid im ganzen Umfeld, wo es Straßen und ganze Gebiete gibt, die nur Juden zugänglich sind, die also »araberrein« sind. Die Bewohner umliegender Dörfer werden durch das System der Absperrungen und Kontrollen daran gehindert, nach Hebron zu fahren, und ihre finanziellen Einbußen sind entsprechend groß. Doch die Schädigung trifft alle Bevölkerungsschichten. Die Siedler säen soviel Gift, bemerkte Aminov, daß die Menschen am Ende bereit sind zu sterben, nur um ihren Protest äußern zu können.

Schira Katz erzählte, sie habe vor, in der Altstadt eine Wohnung zu renovieren, als Anfang. Das Ziel ist, zu versuchen, diesen Teil der Stadt wiederzubeleben, der unter dem schweren Druck der Siedler auf die Palästinenser leidet und zum Teil schon verödet, weil sie gewaltsam zum Verlassen des Viertels bewegt werden. Sie plane auch ein Projekt für ein Stickereizentrum für Frauen, auch einen Frauenladen, alles, wie gesagt, in der Altstadt.

Das ist zwar nur ein Tropfen auf den heißen Stein, aber dennoch ein mutiger und wichtiger Schritt, um in diesen schweren Zeiten eine Brücke zu unserem Nachbarvolk zu bauen. Und es gibt keinen anderen Weg, als diesem Volk, mit dem wir ja Frieden schließen wollen, die Hand zu reichen.

Doch die Siedler sind weiterhin aktiv: Am 24. Oktober 1994 legten sie eine Bombe am Haus der Familie Gheit ab, in der Nähe von »Givat Ha'harsina«. Die Explosion zerstörte die Fenster des Hauses, die Solaranlage, die Wassertanks auf dem Dach und die Küche. Die Stromversorgung fiel aus.

Die *Jerusalem Times* ließ aus zuverlässigen Quellen verlauten, die Siedler hätten die Bombe bei Gheits Haus abgelegt, nachdem es ihnen mißlungen war, sie bei der Moschee, die in der Nähe der Siedlung liegt, zu plazieren. Der Muezzin der Moschee berichtete, er sei gegen zwei Uhr morgens aufgewacht, weil er Siedler gehört hatte, die versuchten, das Tor zur Moschee aufzubrechen. Als sie merkten, daß sich drinnen jemand befand, flüchteten sie und legten die Bombe, wie gesagt, am Haus der Familie Gheit ab.

Am 7. November, genau 256 Tage nach dem Massaker, wurde die Ibrahimi-Moschee/Machpela-Höhle wieder für die Gläubigen geöffnet. Sie war in der Zwischenzeit in zwei Teile geteilt worden: 55 Prozent der Räumlichkeiten sind nun für die Juden, der Rest für die Muslime vorgesehen. Diese Teilung und die eingebauten Sicherheitsvorrichtungen lösten große Verbitterung bei den Palästinensern aus.

Vor dem Massaker nutzten die jüdischen Gläubigen eine der Hallen und einen kleineren angrenzenden Raum, doch diese Bereiche waren zur Moschee hin offen. Nach der Wiedereröffnung sind neuerdings 55 Prozent der Moschee nur mehr für Juden zugänglich. Neue Metallwände und -Türen trennen sie von dem muslimischen Teil und schließen die muslimischen Gläubigen aus, die fortan nur mehr an zwei der jährlichen islamischen Feiertage dort beten dürfen. Da den Muslimen jetzt weniger als die Hälfte als Restbereich zur Verfügung steht, kann man sagen, daß es der Regierung Rabin auf eine noch nie dagewesene Weise gelungen ist, aus einer Moschee gewaltsam eine Synagoge zu machen. Das sind die Lehren, die die israelische Regierung aus dem Massaker gezogen hat.

Statt der simplen Logik zu folgen, daß die Sicherheit für die muslimischen Gläubigen in der Ibrahimi-Moschee nur durch die völlige Evakuierung der Siedler aus Hebron erzielt werden kann, verlassen sich die Israelis nun auf High-Tech-Sicherheitsmaßnahmen. (...)

In den letzten Monaten wurde die Ibrahimi-Moschee durch elektronisch gesicherte Spezialtore geteilt, die die Halle des Abraham, die Halle Jakobs und den größten Teil der Halle des Joseph allein für jüdische Gläubige reservieren und die diese Räumlichkeiten von der Halle Isaaks, der Jawliyah und dem Rest der Halle des Joseph, die den Muslimen übriggelassen wurde, abtrennen.

Jeder Teil der Moschee hat nun seinen eigenen Eingang, während der frühere Haupteingang weiter unter der Kontrolle der Armee bleibt. Etwa 15 Videokameras (neuestes Sony-Modell) gewährleisten, daß Big Brother alle Gläubigen, und zwar zu jeder Zeit, überwachen kann. Arbeiter haben elf Metalldetektoren und 45 Feuermelder installiert, die alle mit dem Kontrollraum der Armee in der Nähe der Moschee verbunden sind.

Weder der amtierende Bürgermeister von Hebron, Abed Natsche, noch der Vorsitzende des Waqf, Scheich Salah Natsche, wurden bei diesen Sicherheitsentscheidungen konsultiert. Alle Palästinenser Hebrons sind der Auffassung, daß, solange sich die israelische Armee und die Siedler im Inneren der ihnen heiligen Moschee aufhalten und mit ihren Schuhen die Gebetsteppiche entweihen, niemand garantieren kann, daß sich künftig keine Blutbäder ereignen werden ... Kann den ein Mensch beten, wenn er zuvor von Soldaten untersucht wurde und wenn 15 Kameras jede seiner Bewegungen beobachten?*

Der ständige Vertreter der Palästinenser bei den Vereinten Nationen, Nasser Qudwa, legte dem UN-Generalsekretär Boutros Boutros Ghali ein Memorandum vor, in dem gegen diese Sicherheitsvorkehrungen in der Moschee protestiert wird. Dort steht unter anderem:

Israel hat die Ibrahimi-Moschee geteilt und behauptet, diese Schritte als *Sicherheitsvorkehrungen* unternommen zu haben, *um Spannungen abzubauen*. In Wahrheit versucht Israel mit dieser Teilung eine neue und illegale Realität zu schaffen, die die Vierte Genfer Konvention und UN-Resolutionen verletzt.

Und die Siedler protestieren auch noch, weil den Palästinensern solch ein großer Teil der Moschee »zuerkannt« worden ist.

Mittlerweile hat sich Merkwürdiges ereignet:

Avishai Raviv, einem Mitglied der extremistischen Kach- und Kahane-Bewegung gelang es, die Ibrahimi-Moschee zu

* Iyad Khalailie, (Wrong) Lessons of the Hebron Massacre, in: Challenge, November/Dezember 1994

betreten, ohne von dem ausgeklügelten Sicherheitssystem entdeckt zu werden. Zuvor hatte er eine Verwarnung erhalten, die Moschee überhaupt zu betreten.*

Das klingt alles sehr bekannt. Das war die Situation in Hebron neun Monate nach dem Massaker.

Hebron nach dem Massaker: Einer der Eingänge zur Moschee (Oktober 1994)

---

* Zit. in: Jerusalem Times, 11. November 1994

Epilog

Der Teufelskreis von Blutvergießen und Haß, der keine Grenzen kennt, hat noch kein Ende gefunden. Die Schüler des Gymnasiums in Afula ließen bei einem Kamikazeanschlag als Rache für das Massaker in Hebron ihr Leben. Eine Einwohnerin von Afula berichtete mir von dem schrecklichen Anblick der zerschmetterten Körperteile der Schüler, die auf der Straße verstreut lagen. Wenig später folgte eine Explosion in Hadera, wurden Schüsse in Jerusalem abgegeben, die weiteren unschuldigen Menschen das Leben kosteten.

Der verbrecherische Sprengstoffanschlag am 19. Oktober 1994 auf die Buslinie 5 in Tel Aviv wurde in nur 800 Metern Entfernung von meinem Mann und mir verübt. Wir haben die Szenen des Grauens mitangesehen und die Opfer beweint.

Der palästinensische Selbstmörder, der den Sprengstoff an seinem Körper trug, hinterließ ein Schreiben, in dem stand, daß er sich der Hamas angeschlossen hatte, nachdem die Armee 1989 seinen Bruder getötet hatte. Er verübe den Anschlag in Tel Aviv aus Rache für den Tod der drei Entführer von Nachschon Wachsmann. Die Armee hatte sie bei einem fehlgeschlagenen Rettungsversuch des entführten Soldaten getötet.

Eine schreckliche Ära, in der die Steinewerfer von gestern zu lebenden Bomben geworden sind.

Als wir zu der Straße kamen, in der noch Spuren der Explosion zu sehen waren, hörten wir Leute aus der Menge rufen: »Tod den Arabern!« sowie den flehentlichen Ruf »Goldstein, Goldstein«, wo bist du?« Mein Mann mischte sich ein, was sonst nicht seine Art ist, und sagte mit lauter Stimme, daß gerade Goldstein und Konsorten solche Taten und den blutigen Teufelskreis von Gewalt ohne Ende provozierten.

Am nächsten Tag lasen wir in *Haaretz* einen Kommentar des Journalisten Ori Nir. Bei der Hamas sei nach dem Massaker von Hebron eine Wende eingetreten, schrieb er. Bis dahin hätte die Hamas vor allem Soldaten attackiert, nun sei sie dazu übergegangen auch Zivilisten anzugreifen. In der gleichen Ausgabe zitierten Ori Nir und der Journalist Josef Algasy die Reaktion von Dr. Yasuri aus Gaza von der Hamas auf den Anschlag in Tel Aviv:

> Der Anschlag in Tel Aviv gleicht den Anschlägen, die Israelis auf den Haram al-Scharif (die Al-Aksa-Moschee – F. L.) und auf den Haram Ibrahimi in Hebron verübten. Gewalt zieht Gewalt nach sich. Der Kreislauf der Gewalt wird erst ein Ende finden, wenn sich Israel aus den besetzten Gebieten zurückzieht.

Eine Handvoll unserer Friedenskämpfer, die durch die Dizengoff-Straße gegangen waren mit Schildern, auf denen stand, »Besetzung führt zu Terror«, wurden von Anhängern der Rechten brutal zusammengeschlagen. Unter ihnen war eine Freundin von mir aus Tel Aviv. Die Rechten waren nicht bereit, sich diese Wahrheit anzuhören, und veranstalteten danach eine Jagd auf Araber, um sie zu lynchen. Es gelang ihnen nicht. Die Araber waren inzwischen evakuiert und in die Besatzungs- und Autonomiezonen gesperrt worden.

Auf Druck Rabins gaben die Rechtsberater ihre Zustimmung, dem Schin Bet freiere Hand bei der Anwendung von Gewalt gegenüber palästinensischen Untersuchungshäftlingen zu lassen, um, wie es hieß, die Bekämpfung des Terrors effektiver zu machen. Im Klartext: Es war die Erlaubnis, noch stärker als bisher zu foltern.

Die Folterpraktiken wurden schon zuvor von israelischen und ausländischen Menschenrechtsorganisationen angeprangert, denn sie hatten zum Tod von verhörten Personen geführt, darunter einiger meiner Mandanten. Daß das Foltern nicht dazu beitrug, den Terror zu verhindern, kann man am Fall Riad Sakarna ersehen. Er hatte sich bei der Menschenrechtsorganisation »Al-Haq« über Folterungen durch den Schin Bet im Gefängnis von Jenin beklagt. Seine Beschwerde wurde in der arabischen Zeitung *Al-Ittihad* in Israel veröffentlicht. Sakarna war derjenige, der dann den erwähnten Kamikazeanschlag in Afula verübte.

Das Haus der zehnköpfigen Familie des Attentäters von Tel Aviv wurde von der Armee zerstört, nachdem das Oberste Gericht die Genehmigung dazu erteilt hatte. Solche Genehmigungen für Kollektivstrafen sind während der langen Jahre der Besatzung immer wieder erteilt worden. Die Hamas gab bekannt, daß man sich dafür rächen würde. Die Fortsetzung der Gewalttaten ist also vorprogrammiert.

Der Anschlag in Tel Aviv wurde allgemein verurteilt, aber dies half den Opfern und ihren Familien in ihrem Leid nur wenig. Und es ist abzusehen, daß wir Besatzung und Unterdrückung mit Blut bezahlen werden, und es kann jeden von uns treffen.

Besatzung, Unterdrückung und Enteignung, der Fortbestand und die Erweiterung der Siedlungen, die ungestraften Gewalttaten von Siedlern und Armee kann kein Mantel einer Pseudo-Autonomie langfristig überdecken, selbst nicht der Friedensnobelpreis für das Jahr 1994. Das Ansehen dieses Preises kann ohnehin nicht noch stärker demontiert werden, nachdem er bereits jeden Glanz verlor, als Menachem Begin ihn erhielt, der kurz danach in den Libanon einfiel. In diesem blutigen Krieg wurden Tausende Palästinenser und Libanesen getötet, und viele unserer Söhne fanden dabei einen sinnlosen Tod.

Die beiden Preisträger Rabin und Peres tun alles, damit nur ja kein palästinensischer Staat an der Seite Israels in den Gebieten entsteht, die Israel 1967 eroberte und die es räumen muß, einschließlich der jüdischen Siedlungen, so wie es das Internationale Recht verlangt. Nur diese Lösung und nichts anderes kann den Palästinensern und uns einen gerechten Frieden garantieren, und nur sie allein könnte den Haß eindämmen und vielleicht auch seine Quellen für alle Zeiten austrocknen.

Tübingen, November 1994

Anhang

Die 29 Todesopfer des Massakers in der Ibrahimi-Moschee am 25. Februar 1994

Abu Hadid, Jaber Aref Jaber Ahmad, 11
Abu Hamdiyeh (Gheith), Walid Zuhair Mahfouz Hafez, 13
Abu Nijmeh, Marwan Mutluk Hamed, 34; 6 Kinder
Abu Sneineh, Abdul Rahim Abdul Rahman Salameh, 47; 9 Kinder
Abu Sneineh, Ahmad Abdullah Mohammad Abdullah Taha, 25
Abu Sneineh, Ala' Badr Abdul Halim Taha, 17
Abu Sneineh, Khaled Khalaweh Abu Hussein, 60; 8 Kinder
Abu Zanouneh, Mahmoud Sadeq Mohammad, 49; 4 Kinder
Ashour, Tareq Adnan Mohammad, 12
Badr, Saber Musa Husni Katbeh, 36; 5 Kinder
Burqan, Arafat Musa Yusuf, 28; 4 Kinder
Dandis, Talal Mohammad Daoud Mohammad, 26; Ehefrau schwanger
Fakhouri, Hatem Qader Nimr, 25; 2 Kinder
Gheith, Mohammad Raji Zein Abdul Khaleq, 47
Idris, Salim Idris Idris Falah (der *Imam*), 26; 2 Kinder
Jabari, Abdul Haq Ibrahim Abdul Haq 57; verheiratet
Jabari, Salman Awwad I'layyan, 37; 9 Kinder
Jabber, Mohammad Zeidan Hamoudi Abdul Majid, 25; 4 Kinder
Karaki, Diab Abdul Latif Hirbawi, 23
Karaki, Khaled Mohammad Hamzi, 17
Maraqeh, Mohammad Kifah Abdul Mu'az Zakariya, 10
Muhtasib, Nur Iddin Ibrahim Obeid, 25
Mujahed, Nimer Mohammad Nimer, 29; 3 Kinder
Mutasib, Wael Salah Yacoub, 29; 3 Kinder
Natscheh, Jamil Abdul Fattah (der *Muezzin)*, 51; 13 Kinder
Natscheh, Raed Abdul Mu'taleb Hassan, 19
Qafischeh, Kamal Jamal Abdul Mughni, 12
Rajabi, Rami Mohammad Arafat »Ali«, 12
Zahdeh, Sufian Barakat Awni, 27

Die Beschreibung der Ibrahimi-Moschee im Bericht des Palästinensischen Informationszentrums für Menschenrechte (PHRIC)*

Als eine der ältesten, kontinuierlich bewohnten Städte der Welt führt Hebron – im Arabischen als Khalil al-Rahman, im Hebräischen als Hevron bekannt – ihren Ursprung auf eine kanaanitische Siedlung bis zum Jahr 2000 vor Christus zurück. Der muslimischen Überlieferung zufolge gab es die Stadt schon vom »Anbeginn der Zeit«: Adam und Eva sollen hier aus dem Garten Eden vertrieben worden sein. Der alttestamentarische Name »Kiryat Arba« (Stadt der Vier) verweist vermutlich auf die vier kanaanitischen Stämme, die dort lebten. Als Ibrahim und Sarah sich in ihr niederließen, war sie bereits eine aufstrebende Stadt. Als Sarah starb, kaufte Ibrahim für sie eine Grabstätte von den Söhnen des Heth. Später wurden dort auch der Prophet und drei Generationen seiner Familie, Izhaq und seine Frau Rifqa sowie Ya'quob und dessen Frau La'eqa (Lea) begraben.

Sieht man von seinen uralten Ursprüngen ab, so datieren einige Experten den Haram al-Khalil (oder die Ibrahimi-Moschee) auf Suleiman (Salomon) und das Jahr 1500 vor Christus zurück. Er erhebt sich über der ältesten heiligen Stätte Palästinas. Für die Muslime ist es der viertheiligste Ort im Islam, zum einen weil sich hier die Begräbnisstätte von Ibrahim al-Kahlil (Abrahm für die Juden und Christen) befindet, zum anderen, weil der Prophet Mohammed diesen Ort auf seinem nächtlichen Flug von Mekka nach Jerusalem besucht haben soll. Im Laufe der Zeit errichteten verschiedene Herrscher Bauwerke an diesem Ort, und aus der Grabstätte der Patriarchen und Matriarchen und der ursprünglichen Höhle wurde schließlich der gigantische Komplex der Ibrahimi-Moschee, der heute die Stadt beherrscht. Der Sage nach hat Suleiman (Salomon) die Außenmauern gebaut, doch nach Meinung von Experten war es Herodes der Große, der die mächtigen Mauern errichtet und das Pflaster gelegt hat. Die Mauern sind aus riesigen, präzise behauenen Steinquadern ohne Mörtel zusammengefügt (der größte Steinblock ist 7,5 Meter lang und 1,5 Meter hoch).

Im Jahr 570 vor Christus bauten die Byzantiner an dieser Stätte eine Kirche, die im darauffolgenden Jahrhundert von den Omajaden

* Quellen: Guide to Palestine and Egypt, London 1903, S. 70–71; Shirley Eber, Israel and the Occupied Territories: The Rough Guide, London 1989, S. 152–159.

in eine Moschee umgewandelt wurde. Auch die Abassidenherrscher führten bauliche Erneuerungen durch.

Im Jahr 1099 nach Christus eroberten die Kreuzfahrer diese Gegend und errichteten dort, wo die Moschee und eine Synagoge stand, eine Kirche. Nachdem er die Kreuzfahrer vertrieben hatte, baute Salahaddin Ayoubi die Ibrahimi-Moschee wieder auf. Zur Zeit der Mameluckenherrschaft wurde der Haram (zirka 1318) durch den Bau der Jawliyeh-Moschee mit hohen Minaretten über dem Grabmal Josephs und durch eine kleine Moschee an der Ostecke erweitert. Die Kenotaphen der Propheten und ihrer Frauen stammen aus dem 14. Jahrhundert.

Die Höhle Machpela liegt unterhalb dieser Bauten. Ihr Eingang ist für die Öffentlichkeit geschlossen. Doch es gibt eine Öffnung in einem Bereich der Moschee, den israelische Juden 1967 beschlagnahmten. Durch diese Öffnung können Zettel mit Gebeten in die Höhle geworfen werden.

Die Beschreibung Hebrons durch Murphy-O'Connor in seinem Buch »The Holy Land«*

Hebron ist Juden, Christen und Moslems heilig als Begräbnisstätte von Abraham, Isaak und Jakob und bemerkenswert durch die großartige Mauer, die Herodes der Große (37–4 v. Chr.) um die Höhle von Machpela (den Haram al-Khalil) baute. Sie ist vollständig erhalten, von allen Seiten zugänglich, und die Kunstfertigkeit ihre Bauweise ist schier unglaublich.

Die uralte Stadt lag auf dem Jebel er-Rumeideh, auf der anderen Talseite, dem Haram gegenüber. Ausgrabungen (deren Besichtigung nicht lohnenswert ist) weisen eine Besiedelung seit etwa 2000 vor Christus nach. Dort erwarb Abraham die Höhle (1. Mose, 23), in der er, seine Söhne und deren Frauen begraben werden sollten; dort regierte David siebeneinhalb Jahre, ehe er nach Jerusalem zog; dort erhob sein Sohn Absalom auch die Standarte des Aufstands (2. Samuel, 5 und 15). Obwohl Hebron eine Stadt des Asyls war (Josua, 21, 13), erlitt es in Kriegszeiten dasselbe Schicksal wie andere Städte, bis Herodes den Haram errichtete, heute sein einziges Glanzstück.

---

* Auszug aus: Jerome Murphy O'Connor, Das Heilige Land, München 1980, S. 239–243 (überarbeitete Übersetzung)

Man staunt über die Größe der Steinblöcke (der größte mißt 7,5 mal 1,5 Meter). Der arabischen Legende nach haben *jinns* dem Salomo geholfen, sie aufzuschichten. Die größten Steinquadern befinden sich in Ecknähe der Mauern und lassen das Bauwerk ungeheuer wuchtig erscheinen. Eine Reihe raffinierter optischer Täuschungen kaschiert den Eindruck von Schwere. Jede Quaderreihe ist von der darunterliegenden um 1,5 Zentimeter zurückversetzt, was durch vorstehende Oberkanten wieder ausgeglichen wird. Die Oberfläche der Mauer wird durch die absichtliche Unregelmäßigkeit der Fugen und die schön behauenen Steinbossen aufgelockert, deren kaum wahrnehmbarer Schatten die wundervolle Patina der *mezzy* (»vorzüglichen«) Steine unterstreicht. Diese Wirkung wird von den Wandpfeilern noch verstärkt. Ihre jeweils aus einem einzigen Steinblock bestehenden Sockel weisen sieben Schlagflächen auf. Auf dieses Element machen eine Reihe vorspringender Höcker aufmerksam, welche die

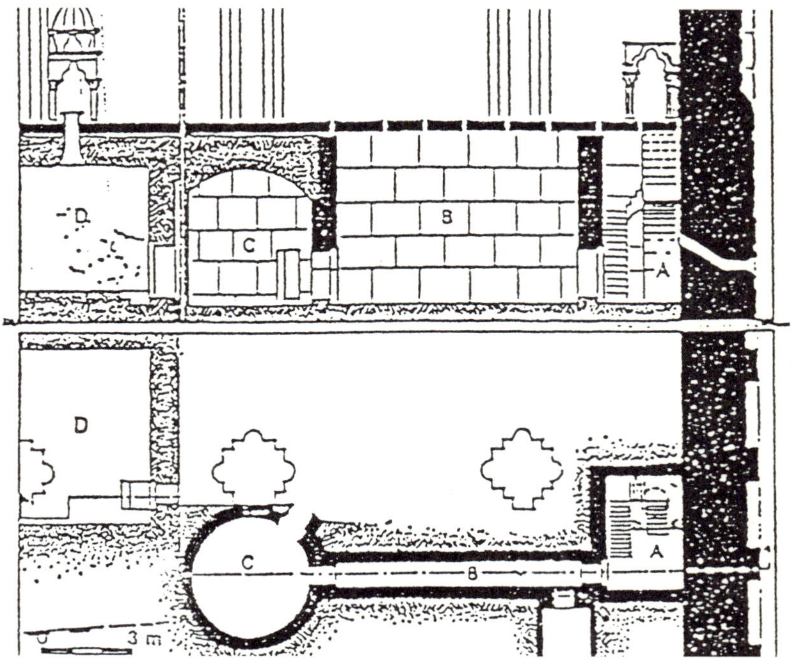

L.-H. Vincents Planskizze (Grundriß) und Aufriß (oben) dessen, was die Kanoniker des Hl. Augustin unter dem herodianischen Fußboden des Haram al-Khalil im Jahre 1119 sahen. A: Treppen; B: Gang; C: kreisförmiger Raum; D: Grabkammer.

Tiefe der Ausgratung betonen. Ursprünglich hatten alle Blöcke solche Höcker, als Schutz für den Transport vom Steinbruch und bis man sie in die endgültige Lage brachte.

Auch der gepflasterte Bereich innerhalb der Mauern ist herodianisch. An der Tatsache, daß sich der Boden von Ost nach West zu einer Abflußrinne hin neigt, erkennt man, daß dieser Bereich nicht überdacht gewesen ist. In diesem Hof muß sich ursprünglich ein Kenotaph (Ehrengrabmal) – oder gar mehrere – befunden haben. Man erreichte ihn von einem Eingang am Fuß der Mauer über eine Treppe.

Außer der Fassade ist von der byzantinischen Kirche (nach 570 vollendet) nichts geblieben; zwei Stützbogen verbanden sie mit dem tiefer liegenden Dach des heutigen Kreuzfahrergebäudes (etwa 1115 nach Christus). Anfang des 10. Jahrhunderts war der ursprüngliche Eingang durch ein Gebäude versperrt, das ein Kenotaph für Joseph enthielt und zu dieser Zeit wurde auch für den heutigen Eingang die Ostmauer durchbrochen. Die muslimische Aufsicht über den Haram war

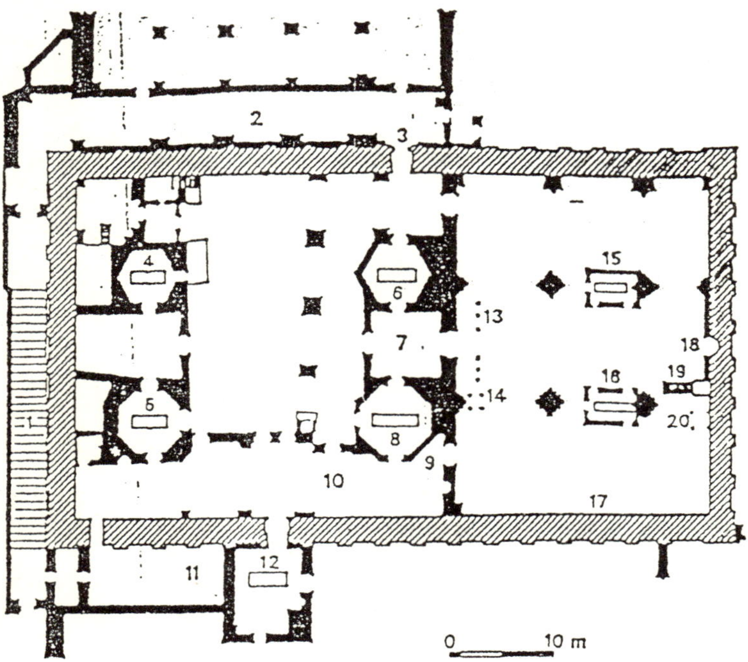

Haram al-Khalil (Grabstätte der Patriarchen)

stets geprägt von abergläubischer Furcht vor den Grabhöhlen der Patriarchen. Die Kenotaphe für Abraham und Sara wurden aufgestellt, nachdem sich die Stadt im 8. Jahrhundert ausgedehnt hatte und den Haram umschloß. Um das 10. Jahrhundert war der Standort der sechs Kenotaphe derselbe wie heute.

Das vielfarbige Eingangstor läßt darauf schließen, daß der Treppenaufgang mameluckischen Ursprungs ist (1). Von ihm aus kann man aus größter Nähe alle Mauerebenen besichtigen. Der Treppenaufgang führt zu Jawliyeh-Moschee (2), die 1318–1320 nach Christus erbaut wurde. Der Durchbruch durch die herodianische Mauer (3) stammt noch von vor 918 nach Christus. Der Hof in seiner heutigen Form geht auf die Mamelucken zurück, die auch den Kenotaphen für Jakob (5) und Lea (4) im 14. Jahrhundert ihre gegenwärtige Gestalt gaben. Die aus dem 9. Jahrhundert stammenden Kenotaphe für Abraham (8) und Sara (6) werden durch eine Synagoge (7) getrennt, die 1967 dort errichtet wurde. Spuren eines mittelalterlichen Säulengangs kann man in den zum Hof am nächsten gelegenen Ecken erkennen.

Die Apsis (13) verwendet Elemente des mittelalterlichen Chores. Unmittelbar daneben überdacht eine kleine Kuppel (14) die einzige Öffnung zu der unterirdischen Höhle (D in Abb. auf S. 205). Der mittelalterliche Zugang zu ihr (20) wurde 1394 versiegelt. Rechterhand des Mihrab (Gebetsnische) (18) steht das Glanzstück der Moschee, der prächtige Minbar oder die Kanzel (19), ein wundervoll geschnittenes Holzmosaik, das 1091 für eine Moschee in Ashqelon hergestellt und 1191 von Saladin gestiftet wurde. 1332 nach Christus gab Tankiz, der mameluckische Vizekönig von Syrien, den Kenotaphen für Isaak (16) und Rebecca (15) ihre heutige Form und schmückte die Wände mit geometrischen Marmorplatten. Auch das dekorative Schriftfries in Marmor stammt von ihm. Seine Horizontallinie unterstreicht die Neigung des Pflasters in Richtung herodianische Abflußrinne (17).

Der Ausgang führt durch die Moschee der Frauen (10). Nach arabischer Überlieferung betete Adam so häufig in der Ecke (9), daß sein Fuß einen Abdruck im Stein hinterließ (heute Teil eines kleinen Schreins). Die Moschee (11) und das Grabmal des Joseph (12) mit ihren Eingängen in der herodianischen Mauer stammen aus dem 14. Jahrhundert.

Quellen

The Massacre in Al Haram Al Ibrahimi al Sharif. Context and Aftermath. Sonderbericht des Palästinensischen Menschenrechts-Informationszentrums (PHRIC), 1994

Hebron Massacre. A Summary of Events. Herausgegeben vom Alternativen Informationszentrum in Jerusalem (AIC). Hrsg.: Ziad Abbas, Nathan Krystall, Michel Warshawsky, Jerusalem 1994

Israel Shahak, The Background and Consequences of the Massacre, in: *Shahak's Reports*, Jerusalem 1994

Felicia Langer, Zorn und Hoffnung, Göttingen 1991

Partners in Crime., The Collusion of Israeli Authorities in Hebron and Settlers Violence. Hrsg.: AIC, Jerusalem 1994

Israel Shahak, Jewish History, Jewish Religion, the Weight of Three Thousand Years, Pluto Press; London 1994

Israel Shahak, The Influence of Xenophobic Ideologies on the Israeli Jews, in: *Shahak's Reports*, Jerusalem 1994

Untersuchungskommission des Massakers bei den Patriarchengräbern in Hebron (Schamgar-Kommission), Der Bericht, Jerusalem 1994

Mündlicher Teilbericht über die Palästinensische Untersuchungskommission

Auswertungen der israelischen und ausländischen Presse